"사람들 말에 따르면 잭 레비슨은 위대한 교사란다. 나는 이 책을 읽고서 그 이유를 알게 됐다. 그는 흥이 나 있는데, 이게 전염성이 있다. 그는 위대한 이야기를 들려준다. 거의 알려지지 않은 성경 본문에는 불을 밝히고, 잘 알려진 성경 본문은 상상도 못할 깊이로 뚫고 들어간다. 그에게는 소년 같은 열정이 넘치지만, 거룩한 영(그리고 단순히 개인이 아닌 교회 전체를 위해서 그 영이 하실 수 있는 일)에 관한 그의 설명은 성숙하고 노련하며 도전적이고 지혜롭다. 학자로서 그의 역량은 정점에 달했고, 그의 인간적인 따뜻함과 그리스도인으로서의 연민이 도처에서 느껴진다. 무적의 조합이다."
—N. T. 라이트(N. T. Wright)

"잭 레비슨의 이 책은 최근 몇 년 동안 나온 성령에 관한 책 가운데 가장 성경적이고 광범위하며 혁신적이고 참신한 책이다. 이 책에서 성령은 틀에서 벗어나 해방을 맛본다. 당신은 모든 장에서 놀라게 될 것이다. 나도 그랬다."
—스캇 맥나이트(Scot McKnight)

"『내가 알지 못했던 성령: 신선한 공기』를 읽어보니, 말 그대로 신선한 공기를 호흡하는 느낌이다. 잭 레비슨은 성령에 대한 성경 본문을 선입관 없이 정확하게 조사하고 그 결과를 부드럽고 생동감 넘치는 필치로 표현해서, 일상의 소소한 삶 속에서 하나님의 영을 받아들이는 작업으로 기독교 공동체 전체를 초대한다."
—유진 피터슨(Eugene Peterson)

"레비슨은 성령이 보통 사람들의 실제 삶 속에 일상적으로 존재함을 증명한다. 이 책에 함축된 주제는 '주류' 교회의 교인들이 오순절 교회에서 배울 점이 많다는 것이다. 『내가 알지 못했던 성령: 신선한 공기』는 성경을 다시 읽어보라고, 그리고 성령의 능력 안에서 우리 자신의 삶에 다시 주목해보라고 초청한다.
—월터 브루그만(Walter Brueggemann)

"『내가 알지 못했던 성령: 신선한 공기』는 책 제목이 약속하는 바로 그 내용이다. 영에 충만한 탁월한 한 신학자가 성령 신학을 생생하고 신선하게 풀어냈다. 정곡을 찌르는 기독교 미드라쉬가 존재한다면, 분명히 이 책과 같은 모습일 것이다."
—필리스 티클(Phyllis Tickle)

"나는 종종 목사들에게 '삼위 하나님 가운데 가장 무시되고 있는 위격은 누구인가?'라고 묻는다. 돌아오는 답변은 늘 '성령 하나님'이다. 생동감 넘치고 성령으로 채워진 이 책에서 잭 레비슨은 성경 전체에 있는 성령의 위대한 업적들을 만끽하면서 하나님과의 신선한 만남을 자극한다. 잭은 우리의 지도자로서 독특한 자질을 갖춘 사람이다. 그는 성경에 대한 학자로서의 이해를, 주류 교회와 오순절 교회 모두를 향한 그의 깊은 애정과 결합시킬 줄 안다. 잭의 책을 읽고 나면, 아무도 성령에 대해 이전처럼 생각할 수 없을 것이다."

—윌 윌리몬(Will Willimon)

"『내가 알지 못했던 성령: 신선한 공기』는 성령을 주의 깊게 연구한 결과를 우리에게 제시한다. 구석구석 감탄할 내용으로 가득 차 있다."

—니콜 노드먼(Nichole Nordeman)

내가 알지 못했던 성령:
신선한 공기

잭 레비슨 지음

최현만 옮김

내가 알지 못했던 성령:
신선한 공기

지음   잭 레비슨
옮김   최현만
편집   김덕원, 김요셉, 이찬혁
색인   이상원

발행처   감은사
발행인   이영욱
전화   070-8614-2206
팩스   050-7091-2206
주소   서울특별시 강동구 암사동 아리수로 66, 401호
이메일   editor@gameun.co.kr

종이책
초판발행   2022.12.20.
ISBN   9791190389808
정가   16,800원

전자책
초판발행   2022.12.20.
ISBN   97911903896815
정가   12,800원

Fresh Air:
The Holy Spirit for an Inspired Life

Jack Levison

| 일러두기 |

• 성경 본문을 번역할 때 기본적으로 개역개정을 따르되, 성령 혹은 영과 관련된 단어 등 이 책의
흐름상 필요한 경우에는 영어 번역본 및 저자의 사역을 따랐습니다.

Fresh Air: The Holy Spirit for an Inspired Life
Original edition published by Paraclete Press, Brewster, Massachusetts, USA
© 2012 by John (Jack) R. Levison
All rights reserved.

Used and translated by permission of Paraclete Press through rMaeng2, Seoul, Republic of Korea.
This Korean edition © 2022 by Gameun Publishes, Seoul, Republic of Korea.

본서의 이전판은 『성령, 그 신선한 바람』이라는 제목으로 에클레시아북스(2015)에서 출간된 바 있
습니다.

나의 아들 제레미와 나의 딸 클로이에게.

넘치는 기쁨과 엄청난 도전이
한꺼번에 몰려왔던 시절,
아이들은 언제나 나에게 신선한 공기요
영감의 원천이 되어 주었다.

서문

그는 넥타이를 풀고 등을 기댔다. 그리고 우리를 향해 말했다. "바울이 기록한 이 본문이 뜻하는 바는 더 이상 영적인 은사도, 방언도 없다는 것입니다." 나는 의아했다. '도대체 어느 본문을 말하는 거지?' 그는 곧 고린도전서 13장 말씀을 인용했다. "완전한 것이 올 때에는 불완전한 것이 폐하리라." 그는 롱아일랜드(Long Island)에 있는 내 어머니 집 안뜰의 접이식 의자에 앉은 채, 마치 자신이 교황인 듯 권위 있게 우리에게 자신의 메시지를 전했다. 그의 설명을 따르면, 바울이 언급한 '완전한 것'은 성경이었고, 성경이 우리에게 왔으니 더 이상 '불완전한' 영적 은사들은 필요가 없다는 것이다.

당시 그는 스물두 살이었고, 미드웨스트(Midwest) 어딘가에서 새로 안수를 받은 목사였다. 그때 열다섯 살이었던 나는, 딱 그즈음에 목사가 되어야 한다는 소명을 느끼던 터였다. 나는 그의 말에 말문이 막혔다. 이 사람은 손가락을 까딱거리고 눈을 깜빡이면서 성령의 가장 두드러진 특징 하나를 폐기 처분하고 있었다. 휙! 나는 침묵에 빠졌다. 기적적인 은사의 가능성에 경외심을 갖지 못하는 그의 모습에 나는 어안이 벙벙했다. 은사의 신비로운 측면에 마음이 전혀 끌리지 않는 듯한 그의 모습에 나는 혼란에 빠졌다.

　어린 나이였지만 나는 그런 성경 해석이 보여주는 회의론에 발끈했다. 그 강사는 자기만의 해석을 들이대면서 너무나 의미심장하고 거대한 무언가를 내던져 버렸다. 그때 나는 그에 대응할 만한 능력이 전혀 없었고 훈련도 받지 않은 상태였다. 그래서 일단 그 질문을 마음 한구석에 묻어둔 채 대학에 진학했다. 시간이 흘러 졸업을 하고 삼십 대에 접어들었다. 마음에 여유가 생기고 약간의 기술도 갖추게 되자, 나는 그 문제를 다시 끄집어냈다. 이제 성령을 붙잡고 씨름할 때가 됐다. 나는 감리교신학대학원에서 맡은 첫 강의에서 '바울서신의 성령'을 주제로 삼았다. 아직 경험이 부족했기에 강의에 능숙한 사람의 도움을 받아야 할 필요를 느꼈다. 수소문을 하다가 캔자스시티(Kansas City)에서 한 목사를 만났다. 그는 소위 제3의 물결 운동(Third Wave movement)에 영향을 받은 분이었다. (제1의 물결은 오순절주의, 제2의 물결은 70년대 은사주의 운동, 그리고 제3의 물결은 그 둘 다에 영향을 받았지만, 방언보다 예언적 계시에 초점을 맞춘 운동이다.)

　그때 내 수업을 듣던 학생 중 서너 명이 수업 후에 남아서, 나에게는 생소한 방식으로 함께 기도하곤 했다. 우리는 서로에게 손을 얹고, 하나님께서 주시는 말씀과 이미지에 온 신경을 집중했다. 우리는 기도 중에 들은 말씀이나 본 이미지가 과거의 경험 혹은 현재 진행 중인 일과 어떻게 공명하는지 분별하려고 함께 노력했다. 이 모임에 꾸준히 참석했던 한 학생은 함께 기도하는 동안 마치 잠이 든 것(오순절주의에서 '성령 안에서 맥이 빠졌다'[slain in the spirit]고 부르는 상태)처럼 아예 바닥에 등을 대고 눕기도 했다. 그녀는 지금 미주리(Missouri)의 시골 교구에서 시무하고 있는데, 표준적이라 불러도 좋을 감리교 목사이다. 그 교회 성도들이 그녀가 신학생 시절에 보였던 이 갑작스러운 은사적 행동을 알게 된다면 충격을 받을지도 모르겠다. 하지만 그때 그것은 그녀의 삶의 일부였고, 나도 마찬가지였다.

그것은 여전히 내 삶의 일부다. 나는 여전히 내 안에 활기를 불어넣는 거룩한 영의 체험을 추구한다. 나는 여전히 영의 감동을 받은 이미지와 말씀을 찾아 기도하며 귀를 기울인다. 또한, 나는 여전히 그 화창했던 날 롱아일랜드에 있는 부모님 집 뜰에서 그 목사가 했던 말이 명백히 틀렸다고 믿는다. 물론 성경도 영의 감동을 받은 말씀이지만, 그렇다고 성경이 거룩한 영의 선물을 대체할 수는 없다.

그것이 출발점이다.

나는 다소간 한 발은 주류 개신교에, 나머지 한 발은 오순절주의에 담고 있는 그리스도인들 가운데 한 명이다. 그러나 내가 실제로 오순절주의에 푹 빠졌던 적은 결코 없다. 비록 언젠가 한번은 제3의 물결을 따르는 친구 목사가 내가 방언을 하고 있는 것이 맞다고 확인해 준 적은 있지만 말이다. 나는 그때 그 경험의 실체가 무엇인지 아직도 완전히 확신하지 못한다. 이 사실 자체는 시사하는 바가 크다. 그 경험의 실체가 무엇이었든, 나는 그 일이 언어를 넘어서는 거룩한 영의 내밀한 사역이었다고 생각하며, 그런 부분이 내 안의 오순절주의 측면을 반영한다고 추측한다.

하지만 나는 그리스도의 교회(The church of Christ: 예배 시간에 악기를 사용하는 분파)에서 성장했고, 박사 학위 시험을 치르기 2주 전 감리교 목사인 아내(앞서 언급한 사람은 아님)와 결혼한 사람이다. 하지만 그때까지도 편안한 마음으로 주류 개신교에 발을 확 담그지 못한 상태였다. 이 말이 이상하게 들릴 수도 있다는 것을 나도 안다. 나는 거의 삼십 년 동안 한 목사의 남편으로 살아왔고, 계속해서 주일 학교 교사를 맡고 있으며, 수련회 같은 행사에서는 청년부를 담당했고, 심지어 결혼 초기에는 주교 목사의 '아내들'이 차를 마시는 모임에 공식적인 초청을 받기도 했기 때문이다. 여담이지만 나는 어떤 분명한 이유로 그 모임에 참석하지는 않았다. 게다가 나는 13개의 연합 감리교신학대학원 중 두 곳에서 강의를 해 왔다. 이 사실들은 중요한 의미를 가질 수밖에 없다. 그렇지만 지금 내가 내 교파에 '정착했다'고 말할 수 있는 상태는 아니다. 나는 주류 개신교에서 그다지 만족감을 느끼는 사람이 아니다. 오히려 나는 오순절주의에 호의적인 외부인이자 극적이고 직접적인 거룩한 영의 체험을 갈구하는 감리교의 내부인이라고 말하는 것이 더 정확하다.

더 이상 장황하게 설명하지 않고 핵심만 요약하자면, 나의 불편함은 거룩한 영에 관한 것이다. 나는 오순절주의의 강력함과 성장세, 그리고 오순절주의가 주는 체험의 직접성에 깊은 감사의 마음을 가지고 있다. 하지만 곧 드러나겠지만 내가 독자들과 나누려는 내용은 전형적인 오순절주의가 아니다. 나는 거룩한 영과 관련해 오순절주의와는 다른 입장을 가지고 있다. 나는 또한 주류 개신교가 보여준 정의를 향한 헌신, 외부인과 이방인을 끌어안으려는 노력, 그리고 부요한 기독교 전통의 적통(嫡統)이라는 사실에 대해 마음 깊이 존중한다. 하지만 내가 앞으로 이어질 장들에서 제안하려는 바는 거룩한 영에 대한 주류 개신교의 전형적인 관점도 아니다. 내가 경험한 거룩한 영은 주류 개신교가 가르쳐 온 것보다 더 구체적이며 삶을 변화시킨다.

하지만 나의 이런 거북한 마음 이면에 한 줄기 희망이 있다. 나는 다소 주저되지만 양쪽 진영 모두에 한 발씩 담그고 서 있기에, 양쪽 진영 모두에게 거룩한 영에 관한 신선하고 놀라운 이야기를 제시할 수 있다고 믿는다. 나는 내 청소년기의 그 목사가 잃어버렸던 신비를 되살리고 싶고, 그리스도인들이 (심지어는 오순절주의자들도) 왕성하게 성장하는 동안 간과해 온 거룩한 영의 경험을 포착해 내고 싶다. 또한 이 책은 의미 있는 무언가를 추구하는 일반인에게도 변화를 일으킬 수 있다. 내가 제안하려는 내용에는 교회 울타리

밖의 사회까지 변화시킬 수 있는 잠재력이 있다. 기독교 신자가 아닌 사람을, 기독교 기관과 동떨어져 있는 세상을 변화시킬 힘이 있다. 이유는 이렇다. 이 책에서 우리가 거룩한 영을, 즉 신비하고 실제적이며 광활하고 제한이 없는 하나님의 현존을 발견하는 지점이 이 영이 가장 존재하지 않을 것 같은 이 세상 속이기 때문이다. 즉, 이 책에서 우리는 우리가 내쉬는 모든 숨 속에서, 사회의 변혁 속에서, 공동체 안에서, 적대적인 상황 속에서, 그리고 진지한 배움 속에서 거룩한 영을 만날 것이다.

앞에 놓인 도전

나는 이 책을, 거룩한 영 체험을 제시하되, 그 체험이 지닌 성경적이고 급진적이며 실천적인 측면을 통째로 제시하는 입문서로 의도했다. 각각의 의미를 차례로 설명해보겠다.

성경적인 통찰

나는 몇 년 전 『새 성경 해석자 사전』(New Interpreter's Dictionary of the Bible)에 수록할 '거룩한 영'에 관한 긴 글을 썼다. 그 글을 쓰면서 거룩한 영을 가리키는 히브리어 단어인 '루아흐'(ruach)가 구약에만 거의 400회 등장한다는 사실을 확인했다. 그중 50회 정도는 '바람'을 뜻한다. 이 경우를 제외한다 해도, 무려 수백 번의 경우에

'루아흐'는 하나님에게서 온 영을 가리킨다.

　하지만 내가 당신에게 구약에서 하나님의 영이 등장하는 본문을 열 개만 대보라고 해도, 당신은 곤란해 할 것이다. 영에 대한 당신의 관점에 실질적인 도전을 던졌던 본문 다섯 개만 성경 전체에서 골라보라고 해도, 당신은 하나라도 생각해내려고 진땀을 흘릴 것이다. 그 이유는 우리가 그동안 특정 본문에만 초점을 맞추어 왔기 때문이다. 예를 들면, 내가 어린 시절 다녔던 교회에서는 그리스도인들이 죄 용서를 위해 세례를 받을 때 그 영을 받는다고 믿었다. (우리는 이 점에 대해서 매우 구체적이었다!) 그래서 우리는 이 관점을 지지하는 성경 본문을 암기해야 했다. 사도행전 2:38을 보라. "회개하시오. 그리고 여러분은 한 사람도 빠짐없이 예수 그리스도의 이름으로 세례를 받고 여러분의 죄를 용서받으시오. 그러면 성령을 선물로 받게 될 것입니다." 이 구절은 우리의 초석이었다. 하지만 나는 거룩한 영에 대한 다른 본문, 이를테면 이사야 63:10과 같은 본문은 전혀 몰랐다. "그런데도 그들은 거역했다. 하나님의 거룩한 영을 아프게 해 드렸다. 그래서 하나님은 그들의 원수가 되셔서 몸소 그들과 싸우셨다." 굳이 과장할 필요가 없을 정도로 중요한 본문이다. 하지만 그 본문은 우리 교회가 성년 세례(adult baptism)에 대해 믿었던 내용과는 거의 상관이 없었기 때문에, 나는 그 본문을 (영과 관련해서) 한 번도 들어본 적이 없다. 그뿐만이 아니다. 우리 교회의 가르침을 뒷받침하지 않는 수백 개의 다른 성경 구절 역시 들어보지 못했다.

나는 지금 내 모든 오해의 근원으로 내 어린 시절의 교회를 지목하려는 것이 아니다. 나는 거기서 굉장히 많은 것을 배웠으며, 그 교회는 내 신앙의 모태라 할 수 있다. 나는 다만 이런저런 전통들이 저마다의 관점을 뒷받침하기 위해서 특정 본문에만 집중한다는 사실을 보여주려 한 것이다. 그들은 자신들의 특별한 정체성을 제시하는 내용만을 움켜쥐고, 다시는 손을 펴지 않는다. 그래서 그들의 관점과는 상관없는 본문 혹은 그들의 관점에 이의를 제기하는 본문은 무시한다. 하지만 이 문제는 여기서 다룰 문제도, 이 책에서 다룰 문제도 아니다. 나는 이 책을 거룩한 영을 **성경적인** 관점에서 설명한 책이라고 약속하는데, 이는 성경 전체에 걸쳐 중요한 (하지만 종종 낯선) 본문을 포함시키겠다는 것을 의미한다. 우리는 욥기에 나오는 엘리후의 말로 시작해서 순교자들에게 그 영이 임할 것이라는 마가복음 속 예수의 약속까지, 광범위한 본문을 살펴볼 것이다.

성경은 결코 우리를 바보처럼 가만 있도록 두지 않는다. 성경은 늘 우리를 뒤흔들어 불안하게 만든다. 이 책도 그런 흐름을 따를 것이다. 이 책은 당신을 뒤흔들어 불안하게 만들지도 모른다. 왜냐하면 거룩한 영의 임재 자체가 우리를 뒤흔들고 불안하게 만들기 때문이다. 특히 우리가 우리 맘속에 고이 간직한 친근한 본문들을 넘어 성경 전체를 고려할 때 그런 일이 벌어질 것이다. 당신의 관점이 조금 흐트러지더라도 계속 이 책을 읽어가기 바란다. 그러다 보면 거룩한 영을 경험하는 예상치 못한 방식, 그렇지만 부요한 방식을 발견하게 될 것이다.

급진적 관점

이제 당신이 다음 장부터 읽게 될 내용은 완전히 생소한 내용일 수 있다. 당신이 읽을 내용 중 일부는 급진적이다. 그중 일부는 당신을 심하게 흔들어 놓을지도 모른다. 나는 그런 일들을 통해서 당신이 믿는 바가 확장되고 풍성해지기 바란다.

당신이 만나게 될 관점들 가운데 일부를 미리 소개하겠다. 먼저 하나님의 영은 그저 그리스도인만이 아닌 모든 사람에게 존재한다는 믿음이다. 이 믿음(이 역시 성경적인 믿음이다)은 오직 그리스도인만이 그 안에 하나님의 영을 소유한다고 배워온 우리에게 도전하며, 그와 관련된 여러 질문을 상기시킨다.

우리는 한 걸음 더 나아가 모든 사회 조직 안에도 영이 활동한다는 내용과 같은 또 다른 도전에 직면할 것이다. 이 내용은 장차 그 영이 부어질 것에 대한 다양한 구약 약속의 핵심이다. 그리스도인 개개인만이 그 영을 소유하는 것이 아니다. 기독교 교회만이 그 영을 소유하는 것이 아니다. 하나님의 영이 부어지면 사회 조직 전체가 안팎으로, 위아래로 뒤집어진다.

당신은 개인만이 아닌 공동체 안에도 거룩한 영이 임한다는 내용과 같은, 또 다른 성경적인 믿음에 관해서 마음에 품고 다시 한번 생각해보라는 요청도 받을 것이다. 나는 바로 어제 이 주제에 대해서 성숙하고 학식 있는 그리스도인인 내 누이 샤론과 대화를 나누었다. 나는 그녀에게 거룩한 영이 하시는 사역이 무엇인지 말해달라고 요청했다. 그녀는 그 영이 우리 안에서 무언가를 재촉하고 지시하는 내적인 안내자라고 대답했다. 나는 말했다. "분명히 맞는 말이야. 하지만 나는 그게 전부라고 생각하지 않아." 샤론은 나와 함께 그 영이 어떤 식으로 온갖 공동체의 리듬과 활동을 관장하는지 대화를 나누었고, 놀라워했다. (그녀는 호기심이 많기 때문에 즐거워하기도 했다.)

당신이 여기서 만나게 되는 또 다른 깨달음이 있는데, 이는 불안감을 일으킬 수도 있는 내용이다. 그것은 거룩한 영이 늘 우호적이지는 않다는 사실이다. 그 영은 예수가 세례를 받으신 후 그를 적대적인 광야로 몰아냈다. 예수는 제자들이 순교를 목전에 둔 상황을 예상하면서, 그 영이 그들과 함께 하실 것이라고 약속하셨다. 이렇게 거룩한 영은 적대적인 상황과 연결되어 있다. 이런 특징은 당신이 소화하기에는 힘들 수도 있지만, 성경적인 내용이며, 또한 예수의 삶과 가르침의 핵심과도 일치한다.

마지막으로 당신은 대안적인 거룩한 영 체험을 받아들이라는 요청을 받을 것이다. 만약 당신이 그 영에 사로잡혀 춤을 추거나 몸을 흔들고 방언으로 말하고 있는 사람이라면, 그 거룩한 영을 묵상과 침묵을 통해서도 경험하는 기회가 주어질 것이다. 만약 당신이 방언을 해 본 적도, 성령에 휩싸여 춤을 춘 적도 없는 사람이라면, 그런 경험을 할 기회가 주어질 것이다. 언제일지 궁금한가? 바로 성경을 연구하는 중일 것이다. 이때 일어나는 영의 감동에는 명

확한 패턴이 존재한다. 즉, 사람들이 구약에 비추어 예수를 이해하
려고 모일 때, 거룩한 영이 (그것도 강력하게) 움직이신다.

이 책의 급진적인 차원과 관련된 핵심을 다른 방식으로 정리
해보겠다. 성경에 나오는 교회의 시기에는, 아직 그 거룩한 영이
기독교 삼위일체 교리의 세 번째 위격으로서 우리를 환영하고 환
대하는 존재로 이해되지 않았고, 내 누이처럼 우리 중 다수가 그렇
게 생각하듯 온화한 안내자로도 이해되지 않았다. 그 영은 우리가
고려해야 할 하나의 세력이었고, 미약한 인간이 무릎 꿇을 수밖에
없는 하나의 충동이었고, 우리를 날마다 숨 쉬게 하는 원천이요,
우리가 억제할 수 없는 외부의 힘이었다. 중요한 문법상의 차이뿐
만 아니라 이런 이유 때문에, 나는 하나님의 숨과 능력을 '성
령'(Holy Spirit)이 아닌 '거룩한 영'(holy spirit, 소문자)으로 지칭할 것이
다.

이 책의 목적은 하나님의 거룩한 영이라는 참된 유산을 당신
의 손에 되돌려주는 데 있다. 나는 이 책을 통해서 당신이 성경에
뿌리내린 더 풍부하고 더 생기 있는 경험으로 인도되길 바란다. 잠
시 다음의 가능성을 생각해보라.

- 그 영은 모든 인간 안에 존재하며, 그들은 단순하고 신실한 삶을
  통해서 그 영의 지혜를 함양할 수 있다.
- 그 영은 특히 안정된 상태가 아닌 사회적인 격동의 시기에 주로
  활동한다.

- 그 영은 공동체 전체에 감동을 준다.
- 그 영은 신실한 자들을 적대적인 영역으로 내몬다.
- 그 영은 황홀경과 근신을, 연구와 자발성을 동시에 고취시킨다.

이 주제들을 빠르게 훑어보았다면, 그다지 친절한 소개가 아님을 알아챌 것이다. 이 내용은 논란의 여지가 많다. 또 당신의 마음을 불편하게 할 수도 있다. 이 내용이 불안을 일으킨다면, 그 이유는 우리 안에 불안을 일으키는 것이 바로 거룩한 영의 특징이기 때문이다. 적어도 우리가 가지고 있는 성경의 기록에 따르면 말이다.

실천적 전략들

나는 당신이 각 장을 읽으며 도전을 받기를 바란다. 하지만 그뿐 아니라 각 장을 통과하고 난 뒤에는 거기서 배운 내용을 실천할 준비가 되기를 바란다. 그래서 나는 이 책에서 풍부한 실천 전략을 제시하려고 한다.

먼저, 나는 당신 안에 있는 숨이 영-숨(spirit-breath)이기에, 당신이 깊이 숨 쉬는 방법을, 항상 일관되게 숨 쉬는 법을 배울 필요가 있다고 요청할 것이다. 당신은 숨 쉬는 법을 다시 배우는 데 있어서의 핵심이 단순함이라는 사실을 배울 것이다. 다니엘이 첫 계시를 받았던 순간은 부자가 되려는 욕심에 방해받거나 야망에 사로잡히지 않고 단순하게 살고 있던 때였다. 이것이 실천적인 내용이라는 말인가? 그렇다. 이게 가능하다고? 그건 당신에게 달려있다.

당신은 또한 익숙한 공식에 의문을 던지는 법을 배울 것이다. 예를 들면, 나의 경우 성경을 주의 깊게 공부하기 전에는 그 영의 능력을 엄청난 에너지 혹은 한계를 뛰어넘는 에너지와 결부시켰다. 나는 영으로 가득 찬 예배에서 사람들이 춤을 추고 방방 뛰고 몸을 흔드는 이유가 그 때문이라고 생각했다. 하지만 항상 그런 것은 아니다. 때때로 에너지가 고갈되고 낙담한 사람들이 깊고 충만하게 영에 사로잡히는 경우도 있다. 사실 찬양이 가장 소중하게 다가오는 순간도 죽음과 고통과 비탄의 음침한 골짜기를 거니는 사람들의 입에서 나온 찬양을 들을 때다. 거동이 불가능한 환자의 약한 호흡처럼 소리가 너무 작아 알아채기도 힘든 찬양을 들을 때도 마찬가지다.

당신은 그렇게 숨을 쉬면서 기쁨만이 아닌 침묵의 힘을 재발견하게 될 것이다. 아내 프리실라와 나는 주일 밤에 열리는 떼제 모임(Taizé service: 1940년 로제 수사가 시작한 국제적인 공동체의 모임—역주)에서 침묵의 힘을 발견했다. 집에서 20분 거리에 있는 교회에서 적은 수의 사람들이 촛불을 밝혀놓고 모인다. 긴 침묵의 시간을 가지는데, 사이사이 간단한 찬양, 성경 낭독, 기도, 그리고 예수의 죽음을 기념하며 조용하게 빵을 먹고 포도주를 마시는 순서가 있다. 침묵하며 앉아 있는 동안 우리는 귀가 예민해지고 우리의 영이 거룩한 영에 의해 움직인다는 사실을 알게 됐다.

다른 전략들은 더 적극적이다. 4장의 내용 중 하나를 미리 소개해보겠다. 우리는 이사야서에서 다음 세 가지 면에서 매일을 위한 훈련 모델을 따올 것이다.

- 매일 아침 하나님을 만나라. **규칙적으로 깨는 일**에 전념하라.
- 입을 막고 귀를 기울이라. **규칙적으로 귀 기울이는 일**을 실천하라.
- 지친 사람들을 말씀으로 격려하는 것을 목표로 훈련하라. **규칙적으로 격려하는 일**에 마음을 쏟아라.

선지자 이사야는 이 간단한 모델을 통해 하나님과 세상에 대한 비전을 보게 됐다. 하지만 그 비전은 주변 사람들에게는 불편한 내용이었고, 그들은 이사야를 격렬하게 반대했다. 만약 당신이 이 선지자의 3단계 모델을 따르고 싶다면, 하나님께서 당신 안에서 일하셔서 그러한 영의 감동으로 인한 결과를 당신이 받아들일 수 있도록 준비해야 한다. 이러한 일상을 유지하는 것은 노력을 쏟고 대가를 치를 만한 가치가 있다. 이사야의 비전은 아마도 성경에서 가장 크게 영의 감동을 받은 내용일 것이며, 예수도 정확히 이 선지자가 떠난 자리를 이어받으신 것이다.

거룩한 영은 강력해서 그리스도인 개개인의 범위를 넘어선다. 따라서 당신은 또한 이 책에서 공동체 안에서 영의 삶과 친숙해지기 위한 실천적 전략들을 발견할 것이다. 6장에서 우리는 다양한 공동체 안에서 일어나는 영의 사역을 살펴볼 것인데, 그중 하나가 우리의 이목을 사로잡게 될 1세기 안디옥 교회다. 거룩한 영은 이 교회를 기독교의 첫 선교를 위한 거점으로 선택했는데, 이는 이 교회 안에 놀랄 만큼 덕스러운 행동들이 넘쳐났기 때문이다. 이 교회는 구성원의 잘못에 관대했고, 성경 연구를 사랑했으며, 예언자와 교사(목사는 없었다!)로 구성된 다문화 지도부를 갖추고 있었고, 금식과 기도의 영적 수양을 실천했다. 이 교회가 예배를 드리는 동안 거룩한 영의 분명한 말씀을 들었고 최초의 선교를 개시했다는 사실이 너무나 당연하게 받아들여지지 않는가?

부요한 말씀

(히브리어/그리스어 및 문법에 대한 약간의 언급)

이 중요한 단어를 번역하는 방식

이쯤에서 가장 중요한 한 단어의 번역에 대한 이야기를 해야겠다.

잠시 멈춰 **영**(spirit)이라는 단어의 의미에 대해 이야기해 보자. 히브리어와 그리스어로 '영'에 해당하는 원어는 숨, 미풍, 돌풍, 천사, 귀신, 인간의 마음과 영혼, 신적인 현존 등 다양한 개념을 전달하는 데 사용됐다. 이는 상당히 넓은 의미 범위를 포괄하는데, 히브리어('루아흐')와 그리스어('프뉴마')의 딱 한 단어 안에 이 모든 의미가 들어있다는 사실을 마음에 새기길 바란다. 이는 정말 중요한 사실이다.

이 단어를 번역하는 것이 얼마나 어려운 일인지 보여주는 좋은 예가 있다. 에스겔은 마른 뼈로 가득한 골짜기의 환상을 보고 영감을 받아 노래를 부른다. "뼈야, 모두 다시 일어나라." 이 환상에 대한 영어 번역을 보면, 세 단어, 즉 '숨'(breath), '바람'(winds), '성령'(Spirit)이 반복해서 등장한다. 에스겔은 말씀을 듣는다. "너는 **숨**을 향하여 예언하라. … **숨**아, 네 **바람**[사방]으로부터 오라." 그 결과 "**숨**이 그들에게 들어갔고," 그 뼈들이 "살아나서 일어나 서는데, 극히 큰 군대였다." 이 환상은 약속으로 마무리된다. "내가 내 **영**을 너희 속에 두어 너희가 살아나리라"(겔 37:9-14). 이 NRSV(New Revised Standard Version)가 전형적으로 보여주듯이 영어 번역만 보자면, 뼈들에게 불어 넣어지는 **숨**이 사방에서 모이는 **바람** 및 이스라엘 민족에게 부어질 **성령**과는 다소 다른 실제로 믿게 될 소지가 다분하다. 하지만 원어상으로 이 셋은 모두 같은 단어다.

번역 성경들은 히브리어의 역동성을 빠뜨리고 말았다. 에스겔이 '루아흐'라는 단어를 반복한 것은, 하나님의 유일한 '루아흐'만이 이스라엘에게 부활의 숨을 불어 넣을 수 있다는 사실을 강조하기 위해서였다. 부활은 아담의 창조와 같은 개인의 창조('루아흐' = "숨")이자, 동시에 우주적 생명력의 쇄도('루아흐' = "바람")이며, 또한 민족적 신실함에 대한 약속('루아흐' = "성령")이다. 에스겔은 '루아흐'에 내포된 의미들을 쌓아 올려 이스라엘의 죽어버린 상상력에 불을 지핀다. 성경 번역들은 이 생생하고 극적인 반복을 잃어버렸다. 이 사태가 번역자들의 잘못은 아니다. 그저 언어상의 차이이며, 단

어상의 불일치일 뿐이다. 히브리어 '루아흐'와 그리스어 '프뉴마'
는 영어 단어 **숨, 영, 바람**보다 훨씬 더 그 의미가 풍부하며, 그 안
에서 공명하는 의미도 더 많았다. 원어가 담을 수 있었던 의미의
폭을 영어가 감당하지 못한 것이다. 이런 이유로 나는 이어지는 내
용에서 종종 '영' 또는 '숨' 중 하나를 언급하는 대신 '영-숨'(spirit-
breath)이라는 표현을 사용하고자 한다.

성령(Holy Spirit)보다는 거룩한 영(holy spirit)

명확히 하고 넘어가야 할 다른 내용이 있다. 당신은 이 책 전체
에서 '거룩한 영'을 소문자로 쓴다는 사실을 알아챌 것이다. 소문
자로 표기한다고 해서 그 영을 존중하지 않는다는 의미가 아니다.
사실 나는 원어를 존중하는 내 마음을 보여주려고 노력하고 있다.
내 의도는 다음과 같다. 번역자들은 '루아흐'와 '프뉴마'라는 단어
를 만나면, 그 단어를 대문자로 표기할지 소문자로 표기할지 결정
해야 한다. 이 경우 해당 단어가 '인간의 영'을 가리키는지, 혹은
'하나님의 영'을 가리키는지에 기초하여 결정된다. 만약 번역자의
판단에 성경 저자가 물리적 생명을 언급하고 있을 경우, '루아흐'
혹은 '프뉴마'를 '숨' 또는 '영'(spirit)으로 번역하는 경향이 있다. 반
면 성경 저자들이 '루아흐' 혹은 '프뉴마'를 하나님이 주시는 은사
적 선물로 이해했다고 판단되는 경우에는 '성령'(Spirit)으로 번역한
다. 때로는 결정을 내리지 못하는 경우도 있다.

예를 들면, 신명기 34:9에 나오는 여호수아에 관한 묘사에서

NIV(New International Version)는 "여호수아가 … 영으로 충만했다"
고 번역했고, 각주에 '영'을 '성령'으로도 읽을 수 있다고 덧붙였
다. 번역자는 여호수아가 생명력('영')으로 충만했는지, 아니면 신
적인 성령의 은사로 충만했는지 여부를 결정할 수 없었던 것이 분
명하다.

신약에서도 이러한 경우를 확인할 수 있다. 바울은 편지들 중
하나에서 자신의 사역을 묘사하는 덕목 목록에 '거룩한 영'(holy
spirit)을 포함시켰다. "오래 참음과 자비함과 거룩한 영과 거짓이
없는 사랑" 등등(고후 6:6). 바울이 여기서 그리스어 원어상 관사가
없이 (그리고 대문자로 써야 한다는 단서도 없이) '거룩한 영'이라는 어구
로 의도한 바는 무엇일까? NRSV의 번역자는 바울이 여기서 자신
의 온전함을 언급하는 것으로 생각하고 이 구절을 '영의 거룩
함'(holiness of spirit)으로 번역했다. 반대로 NIV의 번역자는 바울이
여기서 독특한 성령의 은사를 언급한다고 생각하고 이 구절을 '성
령 안에서'(in the Holy Spirit)로 번역했다. 이처럼 바울의 같은 말이
완전히 다르게 해석됐다. 문맥상으로는 두 가지 해석 모두 가능하
다. 바울은 자신의 삶의 방식을 온전함('영의 거룩함') 혹은 영의 감동
('성령 안에서')의 관점 중 어느 하나로 묘사했을 것이다.

지금쯤은 내가 그 단어들, 즉 **거룩한 영**(holy spirit)을 대문자로
표기하지 않는 이유를 당신이 이해하기 시작했기를 바란다. 나는
NRSV를 인용할 때에도 '[하나님의] 영'(Spirit)을 '영'(spirit)으로, '성
령'(Holy Spirit)을 '거룩한 영'(holy spirit)으로 변경했다. 나는 삼위일

체에서 거룩한 영의 역할이나 그 영의 인격성을 거부하지 않는다. 나는 그저 인간의 영과 하나님의 영 사이의 그릇된 이분법을 피하려는 것이며(이 부분에 대해서는 1장과 2장에서 더 많은 내용을 확인하게 될 것이다), 대신 히브리어와 그리스어라는 언어가 거센 바람, 잠잠한 영혼, 하나님의 거룩함의 쇄도, 인간의 영혼의 고요함을 아우를 수 있는 웅장한 한 단어의 본거지라는 나의 확신을 부각시키려고 최선을 다하고 있을 뿐이다. 나 자신을 포함하여 모든 해석자들은 모든 사람을 살아 움직이게 하는 그 숨의 웅장함과 광대함을 보존해야 할 것이다.

본격적으로 뛰어들기 전에

이 책을 통해서 무언가를 얻는 것만큼 또한 버리기 위해서, 어떻게 이 책을 읽는 게 좋을지 몇 가지 제안을 하겠다.

- **성경을 가까운 곳에 두라.** 여유가 있다면 각 장에서 특별히 정한 성경 본문을 읽어라. 각 장의 첫 페이지에 관련 성경 본문이 정리되어 있다. 당신이 과거에 해당 본문에서 거룩한 영에 대해 배웠던 내용이 있다면 짧게라도 적어보라. 각 본문을 읽기 전에 이 본문에 대해 가지고 있던 생각들이 출발점 역할을 할 것이며, 또한 당신이 버려야 할 내용의 기준점이 될 것이다.

- **숨 쉴 시간을 가지라.** 이 책을 읽으면서 중간중간 쉬는 시간을 가져라. 쉬는 시간 동안, 이 책에서 당신의 관심을 끌었던 생각이나 표현에 대해 생각해보라. 이 멈춤의 시간들은, 긴 고속도로 여행 중에 쉬어가는 휴게소 혹은 산길을 가다가 경치를 보기 위해 잠깐 찾은 조망대 역할을 해 줄 것이다.

- **기록하라.** 혹시 책에 낙서를 했다고 꾸지람을 받은 기억이 있다면, 그 기억은 지워라. 여백이 존재하는 이유는 거기에 뭐든 끄적이라는 것이다. 당신이 종이책을 읽든 전자책을 읽든, 이 책 곳곳에 이 것저것 기록해 보라. 각 장이 끝날 때마다, 당신의 마음이 어떻게 변했는지, 성경의 어느 본문 때문에 이 변화가 일어났는지 기록해 보라.

제1장
욥의 서약

이 장을 읽기 전에 숙지해야 할 성경 본문

- 시편 104:24-30, 146:1-4
- 욥기 12:7-12, 27:1-6
- 욥기 33:1-7, 34:10-20
- 전도서 3:16-22, 12:1-7

나는 하나님의 현현을 딱 한 번 경험해 보았다. 수많은 현현 경험이 으레 그렇듯이, 내 경험도 교회에 있을 때나 기도 중일 때나 산꼭대기에 있을 때 일어나지 않았다. 그 사건은 내 아들 제레미를 초등학교에 데려다 주는 길에 일어났다. 당시 나는 머리가 깨질 듯 아팠고 등에도 통증이 밀려왔다. 인도 위가 아닌 인도 **안을** 걷는 듯한 느낌이었고, 결국 아스팔트 바닥에 무릎을 질질 끌 지경이 됐다. 내가 육중한 몸을 이끌고 학교를 향해 겨우 한 발씩 내딛는 동안, 제레미는 껑충껑충 뛰며 재빨리 앞으로 향했다. 나는 전력을 다해 똑바로 직진했고, 그 녀석은 모퉁이들을 돌아 둘러 가는데도, 녀석과 나의 거리는 세 배씩 멀어졌다. 속도는 녀석이 나보다 네

배나 빨랐던 게 틀림없다. 그러던 와중에 하나님의 현현이 일어났다. 그 자세한 내용을 아직은 말하지 않겠다. 먼저 다음 내용을 읽어보고, 그런 다음 그날 아침 나에게 일어났던 일의 의미를 헤아려보자.

어두운 마음

내 현현 경험을 해명할 열쇠를 찾기 위한 출발점은 그 악명 높은 잿더미 속이다. 거기에는 인간 역사를 통틀어 가장 비극적이면서도 가장 성공한 인물이 등장한다. 바로 욥이다. 이 고독한 영혼은 모든 것을 잃었다. 자녀, 살림살이, 집, 그리고 이제는 건강까지 말이다. 그는 철저히 홀로 남겨졌고, 날카로운 질그릇 조각으로 살갗의 상처를 긁어대는 처지에 처했다. 하지만 아직은 혼자가 아니었다. 곁에는 친구들이 남아 있었다. 아니 실제로는 심문관들이 남아 있었다. 그들은 어떻게 명백한 의인이 그토록 터무니없는 고통을 겪을 수 있는지에 대한, 섬뜩할 정도로 냉정한 논의를 즐기는 사람들이었다. 이 거대한 혼란을 뚫고 욥이 내뱉은 다음 말을 보라. 이 말은 영이 생명을 주신다는 사실을 단순히 시인하는 내용이었다.

이제 모든 짐승에게 물어보라. 그 짐승들이 너를 가르칠 것이다.

공중의 새에게 물어보라. 그 새들이 또한 너에게 말해줄 것이다.

땅의 식물들에게 말해보라. 너에게 가르침을 줄 것이다.

바다의 고기도 너에게 설명해줄 것이다.

이들 가운데 어느 누가

여호와의 손이 이 일을 행하셨다는 사실을 알지 못하겠느냐?

모든 생물의 생명과

모든 사람의 영-숨(spirit-breath)이 다 하나님의 손에 있다.

(욥 12:7-10)

나중에 욥은 친구들에게 포위를 당한 상태에서, 자신은 사는 동안 그릇된 말이나 허언을 한 적이 결코 없다고 항의한다.

내 숨[neshamah, '네샤마']이 내 속에 있고

하나님의 영-숨[ruach, '루아흐']이 내 코에 있는 한. (욥 27:3)

여기서 우리는 영이 사망의 음침한 골짜기를 걸을 때 그 영을 지탱하는 기둥이 무엇인지 알려주는 표현을 본다. 지금 우리는 어둠 한가운데 있다. 나와 함께, 그리고 욥과 함께 잠시 여기 머물러 보자. 우리 중 다수는 산꼭대기에서 영을 만나는 법을 배웠을 것이다. 하지만 지금 당장은 여기 어둠 속에서 한번 어슬렁거려 보자. 왜냐하면 이 깊고 어두운 절망의 골짜기 안에 우리가 그 영에 관하여 배워야 할 많은 내용이 있기 때문이다. 이것은 우리가 기쁜 마음일 때에는 배울 수 없는 내용이다.

우리가 배워야 할 내용은 다음과 같다. **바로 이곳에서 생명이 자라나고 있다.** 이곳에 찰나의 순간에만 확인 가능한 에너지가 존재한다. 이곳에 짧은 순간 솟아나는 생명력이 존재한다. 잠깐 사이에 빅뱅이 일어나며, 온 우주의 에너지가 이 순간으로 집중된다. 눈을 감지 마라. 이 순간을 보지 못할 것이다. 고개를 돌리지 마라. 이 순간이 사라져 버릴 것이다. 이 찰나의 순간이야말로 생명을 창출하기 위해 줄곧 그 영에게 필요했던 순간이다. "내 숨이 내 속에 있고, 하나님의 영-숨이 내 코에 있는 한."

아니면 어떤 식물도 자랄 수 없는 사막 한가운데를 떠올려보라. 세심하게 살펴보면 거기에도 생명이 존재함을 알 수 있다. 예상치 못한 생명, 기이해 보이는 생명, 가혹한 태양과 메마른 모래밭과 혹한의 밤에 저항하는 생명을 발견할 수 있다. "내 숨이 내 속에 있고 하나님의 영-숨이 내 코에 있는 한."

아니면 공동 기도서에 있는 장송곡을 떠올려보라. 그 노래는 "삶 한가운데서 우리는 죽음에 거한다"로 시작한다. 욥이라면 이 가사를 "죽음 한가운데서 우리는 삶에 거한다"로 바꾸었을 것이다. 우리는 숨을 쉰다. 우리는 영-숨을 호흡한다. 우리는 '루아흐'를 호흡한다. 그래서 우리는 지친 욥의 말처럼 "내 숨이 내 속에 있고 하나님의 영-숨이 내 코에 있는 한" 사는 것이다.

욥은 어둠 한가운데서 우리를 가르친다. 사면초가에 처한 인간도 그 안에 숨과 영을 가지고 있는 '한' 말할 수 있으며 또한 말**할**

것이다. 욥의 이러한 통찰은 꾸며낸 것이 아니다. 욥은 히브리 시가로 알려진 시편에서 이러한 정서를 끄집어냈다. 이 시들은 그에게 영적인 무기 창고와 같았다. 이 시들은 그의 기억에 단단히 닻을 내리고 있었고, 질병과 외로움과 가난이 집중포화를 퍼붓고 무감각한 친구들의 모욕이 쏟아질 때 그를 보호해 주었다. 그중 한 시에서 시편 저자는 이렇게 노래한다.

> **내가 살아 있는 한** 여호와께 노래하며,
> **내가 아직 살아 있는 동안** 내 하나님을 찬양할 것이다. (시 104:33)

이 히브리 시인과 마찬가지로 욥도 죽음과 삶, 얻고 잃음의 냉혹한 현실을 살아간다. 욥처럼 이 시인도 '내가 살아 있는 한' 찬양하며 '내가 아직 살아 있는 동안' 찬양을 드릴 것이다.

욥과 같이 이 시인은 어떻게 어둠 한가운데서 삶의 칼날 위를 걷는다고 주장할 수 있었을까? 생명이 자라나는 곳이 다름 아닌 그런 장소라는 사실을 알고 있었기 때문이다. 새로운 생명을 창조하는 영의 모습을 보고 싶은가? 그렇다면 어둠 한가운데를 응시해야 한다. 시인은 이 사실을 알고 있었다.

> 주께서 낯을 숨기시면, 그들이 크게 실망하고,
> 주께서 그들의 **영**(개역개정, '호흡'—역주)을 거두시면,
> 그들은 죽어 먼지로 돌아갑니다.

당신이 당신의 영을 보내시면, 그들이 창조되고,

당신은 지면을 새롭게 하십니다. (시 104:29-30)

이 노래 안에서 진자의 추는 죽음과 삶 사이, 삶과 죽음 사이를 오가지만, 크게 보면 추의 움직임은 죽음보다는 삶 쪽을 더 향한다. 죽음이 우위를 점하고 우리의 정체가 먼지로 규정되는 것처럼 보이는 그때, 하나님은 생명을 구축하기 위해 영-숨을 보내신다. 하나님의 영이 사막에 교두보를 확보한다. 그 시인이, 또한 욥이 이 삶의 짧막한 험로에서도 노래할 수 있었던 이유는, 그들이 실존의 가혹한 현실을 무시해서가 아니라 바로 다음 사실을 알았기 때문이다. 하나님은 번쩍이는 갱신의 순간에 영을 보내신다. 쾅(bang)! **우르르 쾅쾅**(*Big* bang)!

이 시인과 애처로운 욥은 절망의 벼랑 끝에도 영의 감동(inspiration)이 여전히 남아있다는 사실을 알고 있다. 사실 이 진리는 산꼭대기에서 경험하는 열광적인 영적인 사건보다는 어둠 한가운데서 더 큰 의미를 지닐 것이다. 찬양이 가장 의미심장하게 다가오는 경우도, 근심이 우리 가슴을 짓눌러 숨쉬기조차 힘들어도 미약하게나마 얕은 숨을 쉬고 있을 죽음의 음침한 골짜기를 지날 때가 아닌가!

오늘날의 잿더미

이는 생생한 진리로 우리 주변 곳곳에서 확인할 수 있다. 내 소중한 친구 데이빗은 그리스도인이 아니다. 데이빗은 종종 내게 교회에 다니는 이유를 물었는데, 그때마다 내가 해주던 답변으로 설명을 대신해보겠다. 내 답변은 데이빗이 원하던 내용은 아니었다. 그는 내가 직접적이고 특별한 방식으로 하나님을 만난 이야기를 듣고 싶어 했다. 하지만 보통 내가 들려 준 답변은 다음과 같았다.

내가 한때 다녔던 교회는 모든 면에서 특별할 게 없는 교회였다. 아치형의 천장도 없고 윤기 흐르는 목재 장의자도 없는 평범한 건물에 대략 백 명 정도의 영혼이 모였다. 우리에게는 극장 형태의 좌석도 없고, 최신 음향 설비도 없었다. 교회 건물의 천장에는 오래된 스피커 몇 대가 매달려 있었고, 가족 휴가 때 찍은 사진을 보려고 우리 집 거실에 설치해 놓은 스크린과 비교해봐도 그다지 크지 않은 이동식 스크린 정도가 있을 뿐이었다. 또 못이 박힌 십자가 하나가 바닥에 누워있었는데, 언젠가 세족 목요일 행사 때 사용했다가 이제는 유물로 남은 것이었다. 그리고 한 대의 피아노, 파이프 없는 작은 전자 오르간이 있었다. 우리 교회는 정말 평범 그 자체였다.

하지만 이런 부분을 제외하면, 주일마다 아내와 내가 자리를 잡고 앉았던 그곳은 정말이지 특별한 장소였다. 우리는 앞에서 두 번째 줄에 앉았다. 첫 줄에는 늘 다른 부부가 앉았기 때문이다. 이 부부가 맨 앞줄에 앉는 이유는 예배에 참석했다는 사실을 다른 교인에게 알리거나 경건을 과시하기 위해서가 아니라, 두 사람 모두 휠체어를 탔기 때문이었다. 남편의 경우는 고개를 똑바로 들지 못할 정도로 힘이 없었다. 우리가 점심을 준비하는 매달 첫째 주일에는 점심을 먹여 주어야 했다. 매주 그들은 휠체어를 밀고 맨 앞으로 가서 자리를 잡았고, 그곳에서 움직이지도 못하고 매인 상태에서 하나님을 찬양했다.

아내와 나의 옆자리에는 성미 급한 50대 여인이 앉았다. 그녀 역시 주일 아침마다 고통스러워했다. 그녀는 다발성경화증을 앓고 있었다. 그녀는 매일 아침 마치 미식축구 선수가 전속력으로 달려와 부딪치는 듯한 통증을 느낀다고 했다. 또 일상생활을 시작할 수 있을 정도로 활기가 생기는 데에도 몇 시간이 걸린다고 했다. 하지만 그녀는 주일마다 교회로 와서 앉고 일어서고 찬양하고 기도했다. 한 주도 빠지지 않고 매주 말이다.

우리 주위에 앉아서 예배를 드리던 이 선량한 사람들은 만성적인 고통 가운데서도 매 주일 아침 하나님께 나아왔다. 그들은 모두 '그들 안에 하나님의 영이 계시지만, 그들을 망가뜨리기 위해 해를 가하고 위협하는 적들로부터 그 영이 그들을 신속하게 구해 주시지는 않는다'라는 사실을 잘 알고 있었다. 하지만 '그들 안에 거하는 하나님의 영이 죽음의 접근을 막고 있으며, 그 영은 그들이 휠체어를 타고 있든, 알루미늄 보행기에 의지하든, 어떻게든 그들이 움직이도록 힘을 불어 넣는 매일의 선물이다'라는 사실 역시 너무나도 잘 알고 있었다. 그들은 각자 그들이 들이쉬는 모든 숨을 소중히 여기는 법을 배워서 알고 있었다. 그들은 각자 하나님의 숨, 즉 이스라엘의 성경 저자들이 하나님의 영 또는 '루아흐'와 동일시했을 그 숨이 선물이라는 사실을 깨달은 사람들이었다. 그들 안에 거하는 영이 많든 적든, 주일마다 교회로 와서 찬양하고 기도하고 또한 조용히 저항할 때 그 영-숨이 그들의 혀를 관장하도록 허용했다.

　이 내용이 바로 내가 내 친구 데이빗에게 들려주었던, 내가 매주일 교회에 나가는 이유였다. 이분들은 나의 윤리적 나침반이다. 그들은 그치지 않는 고통도 그들의 찬양을 멈추지 못한다는 사실, 또 찬양은 오히려 고통의 요소가 첨가될 때 더 귀중하다는 사실을 일깨워준다. 그리고 하나님의 영은 죽음의 그림자 안에도 살아 계신다는 사실을, 아니 특별히 죽음의 그림자 안에 더 생생하게 살아 계신다는 사실을 가르쳐준다. 또한, 영성이란 윤리로부터의 도피가 아니라 극심한 죽음의 고통 가운데서도 박동하는 생명의 맥박이라는 확신을 심어준다.

갯더미 위의 자아

　욥의 곤경을 잠깐만 다시 생각해보면, 욥의 생각이 혼자만의 생각은 아니었음을 알 수 있다. 그 갯더미로 한 불청객이 찾아왔다. 완고한 친구, 엘리후였다. 죽음에 관한 엘리후의 성찰은 겉으로는 욥의 생각과 아주 비슷해 보였다.

> 하나님의 영이 나를 지으셨고
> 전능자의 숨(개역개정, '기운'—역주)이 나를 살리신다. …
> 보라, 하나님 앞에서는 내가 당신과 다를 바 없으니,
> 나 역시 흙으로 지으심을 받았다. (욥 33:4, 6)

곧 쓰러질 것 같은 욥 주변을 건장한 몸의 엘리후가 맴돌면서 했던 말의 핵심은 '우리에게 서로 비슷한 점이 얼마나 많은지 보라'는 것이다. 하지만 욥과 엘리후가 경험한 영 사이에는 깊은 간극이 존재한다. 엘리후의 관점은 젊음과 건강이라는 기반 위에 구축됐다. 그의 관점에는 아직 고령과 쇠약이라는 때도 묻지 않았고 질병이라는 흉터도 생기지 않았다. 욥과 나이 든 세 친구의 말에 귀를 기울이는 데 진력이 난 엘리후는 젊음을 한창 꽃피울 나이였다.

엘리후가 영을 파악하는 데 있어 진짜 안내자 역할을 한 것은 자신의 부풀려진 자아상(self-image)이었다. 엘리후는 자신 안의 영과 **자신의** 경험을 다른 사람의 경험 전부를 판단하는 기준으로 삼았다. 그는 "하나님의 영[루아흐]이 **나를** 지으셨고, 전능자의 숨['네샤마']이 **나를** 살리신다"(욥 33:4)고 주장한다. 엘리후가 인식하는 영은 자기 자신에게만 몰두하는 쪼그라든 영이다. 곧, 하나님의 영이

자신을 지으셨고, 전능자의 숨이 자신을 살리신다는 것이다. 엘리후는 자신도 같은 진흙으로 만들어졌다는 사실을 욥과 더불어 기꺼이 인정하겠지만, 이 영의 의미를 좌우하는 기준은 **그에게** 주어진 숨이다. 영은 **그를** 창조하고, 숨은 **그에게** 생명을 준다.

나중에 나오는 독백에서 엘리후가 다음과 같이 주장하는 것을 보면, 그도 사망의 그림자라는 실제를 인식하고 있는 듯하다. 만일 하나님께서 "그의 영과 숨을 거두시면, 모든 육체가 다 함께 소멸되고, **아담**, 즉 인간은 흙으로 돌아**갈 것이다**"(욥 34:14-15). 욥만 성경을 알고 있던 것이 아니다. 엘리후의 통찰에는 시편 104:29이 반영되어 있다.

> 주께서 낯을 숨기시면, 그들이 크게 실망하고,
>
> 주께서 그들의 **영**을 거두시면,
>
> 그들은 죽어 먼지로 돌아갑니다.

엘리후는 인간에게서 하나님의 영이 거두어지면 인간은 먼지로 돌아간다는 사실을 인식하고 있다. 이 본문은 유명한 창세기 3:19과 유사한 내용이며, 재의 수요일에 이마에 재로 십자가 표시를 받은 사람들에게 낭독하는 내용이기도 하다. 즉, 재는 재로, 먼지는 먼지로 돌아가리라. 하지만 엘리후는 그 역시 아담이라는 이 현실에서 정작 자신은 제외시킨다. 여기서 엘리후가 겨냥하고 있는 대상은 원기 왕성한 젊은이들이 아니다. 그는 불의한 통치자들,

왕들, 왕자들, 고관들, 부자들을 염두에 두고 있다.

> 그들은 순식간에 죽는다.
> 한밤중에 백성이 떨고 사라지며,
> 세력 있는 자들도 사람의 손을 빌리지 않고 제거된다. (욥 34:20)

이렇게 엘리후가 영에 대한 이야기를 하면서 궁극적으로 죽음이라는 한계를 인정할 때, 일차적인 목적은 다른 사람을 비판하는 데 있었다. 영을 박탈당할 사람들 속에 자신은 포함되지 않는다. 영을 몰수당할 대상은 부자들과 권력자들, 즉 자신을 제외한 **다른 사람**이다.

엘리후와 욥은 둘 다 영-숨이 죽음의 경계 안에 갇혀있다는 사실을 인정한다. 내용만 보면 엘리후의 견해가 욥의 견해와 비슷해 보인다. 하지만 엘리후의 말은 서투른 모방에 불과하며 승자의 자세가 묻어 나온다. 엘리후는 하나님께서 영을 다시 가져가시면 엘리후 자신도 죽을 것이라는 사실을 인정하지 못한다. 부자도 권력자도, 욥과 같은 사람도 모두 죽겠지만, 엘리후는 아니다.

왜 그렇게 생각할까? 불도저같이 혈기 왕성한 젊은 엘리후에게는 넘치는 영-숨이 있다. 그는 아직 사망의 그늘에서 (숨을 쉬는 '한') 삶을 지탱하는 영-숨의 힘을 경험한 적이 없다. 엘리후는 지혜롭다고 자처하지만, 그의 통찰은 변변치 않다. 반면 욥은 기가 완전히 꺾인 상태에서도 영에 대한 치열한 전망을 품고 있다. 욥은 죽음에 삼켜지기 전까지는 그 영-숨이 활기를 불어넣을 것이라는 진리를 믿으며 인격적인 평안을 누린다. 하지만 엘리후는 아니다.

이제 당신은 나의 현현 경험의 의미를 언뜻 이해했을 수도 있겠다. 그것은 기진맥진한 상태라고 해서 반드시 영이 부재하다는 신호는 아니라는 사실을 깨닫는 것과 관계가 있다. 역으로 표현하면 흥분한 상태라고 해서 반드시 영이 존재한다는 신호는 아니다. 하지만 이 공식이 그 이야기의 결론은 아니다. 또한 내 현현 경험의 본질도 아니다.

그저 잿더미에서 잿더미로

죽음의 그림자 속에 존재하는 영에 관한 진리를 파고들기 위해서는 하나의 관점을 더 살펴보아야 한다. 그것은 전도서의 관점으로서 영이 패배를 당한다는 관점이다. 전통적으로 전도서의 저자는 이스라엘 역사에서 가장 강력한 왕이었던 솔로몬으로 생각되어 왔다. 하지만 최전성기에 있던 원기 왕성한 솔로몬이 아닌, 과도한 권력과 과도한 돈과 과도한 부인들에 녹초가 된 쇠약하고 좌절에 빠진 나이 든 솔로몬으로 생각된다. 사실 우리는 저자가 누구인지 확실히는 알지 못한다. 저자는 자신을 전도자로 규정한다. 그는 인생의 환락과 고생살이, 따뜻한 양지와 차가운 음지까지 두루 경험한 사람이다. 이 전도자는 진퇴양난까지는 아니어도 인생의 말년에 이른 사람처럼 이야기하는데, 어느 정도는 비관에, 어느 정도는 체념에 빠진 상태다. 그에게는 죽음의 문턱에 선 인간의 영도 왕성한 생명력을 일으킬 수 있을 것이라는 희망이 거의 없다.

> 내가 내 마음속으로 아담의 아들들에 대해 하는 말이 있으니, 하나님께서 그들이 짐승과 다를 바 없다는 사실을 깨닫게 하려고 그들을 시험하신다는 것이다. 왜냐하면 아담의 아들들의 운명이 짐승의 운명과 일반이기 때문이다. 이 둘은 모두 같은 **영**을 가지고 있어 아담이 짐승보다 나을 게 없으니, 모든 것이 헛되기 때문이다. 다 한곳을 향해 간다. 다 흙에서 왔으니 다 흙으로 돌아간다. 과연 아담의 아들들의 **영**은 위로 올라가고 짐승의 **영**은 아래 곧 땅으로 내려가는지 누가 알겠느냐?
>
> 그러므로 나는 사람이 자기 일을 즐기는 것보다 더 나은 것이 없음을 알았으니, 그것이 곧 그의 몫이기 때문이다. 자기 뒤에 무슨 일이 벌어질지 볼 수 있도록 그들을 미래로 데려다 줄 사람이 있겠느냐? (전 3:18-22)

생명의 영이라는 멋진 관념이 여기서는 철저하게 **죽음**에 포섭되어 버렸다. 죽음의 그림자가 너무나 음울하고 너무나 강력해져 생명의 영을 압도할 정도다. 전도자가 영에 관한 이야기를 꺼내 들긴 했지만, 결과적으로는 죽음의 보편성과 인간도 동물과 다를 바 없는 운명이라는 사실, 그리고 결국은 생명을 잃을 수밖에 없다는

사실만을 부각시킬 뿐이다. "다 흙에서 왔으니, 다 흙으로 돌아간
다." 이러한 상황 속에는 사실상 영이 부재한다. 영에 관한 짧은 언
급들은 그저 죽음의 문을 굳게 걸어 잠그는 데 일조할 뿐이다.

　　열다섯 살 된 내 아들은 간혹 나에게 과격한 장난을 건다. 그러
면 나는 보통 몸을 웅크린 채 '몬티 파이튼'(Monty Python: 영국의 희극
인 집단—역주) 시리즈 중 하나인 "브라이언의 삶"(Life of Brian)에 나오
는 대사를 읊곤 한다. "힘없는 백발의 노인네한테 왜 이러니!" 내
말은 당연히 농담이지만(하지만 내 머리카락은 이미 10년 전부터 백발이다),
전도자의 말은 농담이 아니다. 그는 정말로 힘이 없는 백발의 노인
네처럼 글을 쓴다. 특별히 그가 다시 한번 죽음을 논할 때, "은 줄
이 풀리고, 금 그릇이 깨지고, 항아리가 샘 곁에서 깨지고, 바퀴가
우물 위에서 깨지고, 흙은 여전히 땅으로 돌아가고, 영은 그것을
주신 하나님께로 돌아가기 전"(전 12:6-7) 젊음이 소진되는 그 '곤고
한 날'을 묘사할 때, 그의 말은 진담이다. 요컨대, 그 화려한 미사
여구의 치장을 거두어내면, 이 말들은 한낱 체념에 불과할 뿐이다.
삶의 마지막 단계는 그저 죽음으로 들어가는 관문에 불과하다.

낙관주의, 비관주의, 현실주의

　　엘리후, 전도자, 그리고 욥은 우리가 이 낯선 영의 세계를 헤아
려 보려 노력할 때 견제와 균형의 역할을 해 준다. 엘리후에게는

열정이 넘친다. 하지만 그는 고통이 부재한 세계를 통해서 영을 보았다. 결국, 그는 어렸던 것이다. 그는 너무 어려서, 쇠약한 육체를 지닌 노인이나 여성에게도 영이 부족하지 않다는 사실을 이해하지 못했다. 그는 노인/여성의 쇠약한 육체는 생기가 없고 고통으로 황폐하기 때문에 영이 부족할 것이라 생각했다. 그는 너무 어린 탓에, 자신감과 안일함과 자기만족에서 헤어 나오지 못했다. "그 영은 **나를** 창조했다. 그 영은 **나에게** 생명을 준다." 영에 관한 이러한 자기중심적인 관점은 완전히 틀렸다.

전도자의 관점도 피차일반이다. 그의 경우, 고통은 넘치고 열정은 없는 세계를 통해 영을 보았다. 전도자는 영 안에서 어떤 생명력도 발견하지 못했다. "영이 존재한다고 해서 질병이 유예되는 것도 아니며 죽음이 도망가는 것도 아니다." 이런 자기 패배적인 관점 역시 완전히 틀린 관점이다.

비극적인 인물 욥은 여전히 잿더미에 앉은 채로, '영-숨'과 '죽어야 할 운명' 사이의 긴장을 생각한다. 자신의 몸에 죽음이 가까이 왔다는 사실에 귀를 기울이지만, 또한 생명이 경각에 달린 그 순간에도 여전히 자신 안에 박동하는 하나님의 영이 적어도 일부 남아 있다는 사실을 깨닫는다.

피곤에 찌든 욥의 저항하는 말 속에서 정말 멋진 부분—'**하나님의 영-숨이 내 코에 있는 한**'—을 보면, 그가 엘리후와 전도자의 신념과 얼마나 많은 부분을 공유하는지 알 수 있다. 세 사람은 '모든 인간은 영을 소유한다'는 데 의견이 일치하며, 또한 셋 모두 영을 죽음과 나란히 놓고 이야기한다. 하지만 이 같은 내용을 서로 완전히 다른 각도에서 이해한다. 인생의 쓴맛을 겪어보지 않고 한창 젊음에 들떠있던 엘리후의 경우, 영을 바라보는 관점에 있어서 자기 생각만이 가득 차 있다. 전도자는 '죽음'이라는 처치 곤란한 상황 앞에서 너무 체념한 나머지 눈에 들어오는 것은 영의 상실뿐이다. 오직 욥만이 서로 긴장 관계에 있는 두 가지 확신 모두를 붙잡고 있다. 그는 영-숨이 자신 안에 거하는 한, 죽음의 그림자에 갇힌 상황에서도 진실하게 말할 것이다. 이 말이 다소 낯설게 들릴 수도 있지만, 욥에게 이 영은 생명의 영, 곧 잿더미 위에서 보낸 긴 시간을 통해 단련된 생명의 영이다.

현현

우리가 예기치 못한 곳, 즉 어둠의 한가운데서 거룩한 영의 예상치 못한 차원을 발견한다는 내용으로 이야기를 시작했다. 그곳에서 우리는 하나님의 영에 관한 피할 수 없는 진리에 걸려 넘어졌다. 삶이 주는 주체할 수 없는 기쁨 속에서는 혹은 산꼭대기에서는 이 진리를 완전하게 파악하기 힘들다. 왜냐하면 다음과 같은 진리 때문이다. 즉, 거룩한 영은 우리 안에서 일하시되, 특히 우리가 사망의 음침한 골짜기를 느릿느릿 지나가는 그 순간에 가장 열심히 일하신다. '고통과 근심은 언제나 영의 적일 뿐'이라는 식의 생각에 속아 넘어가서는 안 된다. '루아흐', 영-숨은 인간의 숨과 하나님의 영의 놀라운 결합으로, 이 모두가 하나님의 선물이다. 특별히 우리가 사망의 한가운데 거할 때, 또한 우리가 살아있는 매 순간에, 또한 우리가 힘을 모아 겨우 내뱉는 한 마디 찬양 속에, 또한 진실한 삶을 살아내려는 우리의 모든 몸부림 속에, 또한 우리가 신실하게 내딛는 고된 발걸음마다, 이 영-숨이 고동치고 있다.

나는 최근에 이 발견들, 즉 전도서의 체념과 영의 감동에 대한 엘리후의 자기중심적인 주장과 죽음의 그림자 가운데서도 영이 충만한 욥의 견고함에 대해 시간을 들여 묵상하고 있다. 그 이유가 궁금한가? 이는 몸이 배반할 때조차도 영은 찬양으로 가득 찬, 아까 언급했던 나의 친구들 때문이다.

언젠가 나는 성찬식 시간에 안경을 벗어 앞 의자에 올려놓고 손으로 머리를 부여잡은 채 앉아 있었다. 그때 누군가 내 어깨를 툭툭 쳤다. 그건 빵과 포도주를 받으러 앞으로 나갔던, 다발성신경증을 앓고 있던 친구였다. 그녀는 자기 자리로 되돌아가면서, 그녀의 살갗이 나에게 살짝 스치기만 해도 엄청난 통증이 생긴다는 신호를 주고 있었다. **"내 숨이 내 속에 있고, 하나님의 영이 내 코에 있는 한 …."** 휠체어에 앉은 내 친구는 앞으로 구부정하게 고개를 숙인 채, 작은 성찬식 잔에 든 포도주를 빨대로 조금씩 마시고 있었다. **"내 숨이 내 속에 있고, 하나님의 영이 내 코에 있는 한 …."** 또 한 친구는 (그녀의 남편이 알려줘서 알았지만) 암에 걸려 아예 그 자리에 참석하지도 못했다. 그가 항상 앉곤 했던 우리 뒷자리를 채우려고 몸을 일으켜 교회로 향하기에는 암 덩어리가 너무 크고 통증이 너무 심했던 것이다. **"내 숨이 내 속에 있고, 하나님의 영이 내 코에 있는 한 …."**

그때는 나 역시 욥의 슬기(genius)에 대해 묵상하던 시기였다. 나에게는 쉽지 않은 시기였다. 인생은 반세기의 흔적을 나에게 남겼고, 나는 우리 안의 숨이 단순한 공기 정도가 아니라는 사실을 깨닫기 시작했다. 그것은 다름 아닌 하나님의 영-숨, 매 순간 주어지는 선물이었다. 마찬가지로 나는 그간의 고통스러운 몇 년 동안에도 이 하나님의 영-숨을 우리 안에 간직하고 있었다는 통렬한 (그리고 피할 수 없는) 깨달음에 눈을 떴다.

삶의 희로애락을 겪다보니, 어느새 결코 편치만은 않은 중년에 접어들었다. 나는 허리의 추간판탈출증 때문에 네 번이나 스테로이드 주사를 맞았다. 그 후에도 얼마 지나지 않아 같은 부위에 세 번에 걸쳐 전기 요법을 받았다. 그 와중에 심장이 멈췄다가 다시 뛰는 일도 있었다. 심장 전문의의 간단한 시술 덕택에 결국 내 심장은 안정을 되찾았다. 인생의 많은 날이 앞에 펼쳐져 있던 그 시기에 내 마음에는 고통과 염려가 또렷하게 각인됐다. 또 내가 노인의 몸 안에, 적어도 딱 잘라 말해 중년 남자의 몸 안에 살고 있다는 느낌이 들기 시작했다. 나는 잿더미 위에 앉아 본 적도 없고, 달갑지 않은 손님들을 맞아본 적도 없다. 하지만 나는 고통과 맞붙어 싸웠으며, 그 와중에 하나님의 영-숨에 관한 통찰을 조금이나마 얻었기를 바랐다.

가장 밝은 한 줄기 빛이 비쳤던 순간은 몇 년 전 제레미의 학교로 가던 길에 일어난 현현 사건이었다. 내가 아들 뒤에서 엄청난 두통과 허리 통증을 느끼며 발을 질질 끌면서 걸어가던 그때, 하나님은 우리 각자에게 약간의 창조적인 영-숨을 주신다는 생각이 머릿속에 떠오르기 시작했다. 그런데 약간의 영-숨이지만, 이 영-숨은 어린 소년의 몸이 감당하기에는 너무나 신선하고 너무나 거대하다. 생명의 영이 아이의 몸을 가득 채우면, 그 영은 몸 안에서 통통 튀면서 피부를 압박하고 밀어낼 정도다. 그래서 우리는 아이들에게 조용히 하고 자리에 앉으라고, 꿈틀거리지 말고 가만히 있으라고 말하게 되는 것이다. 그들 속에는 하나님의 영-숨이 가득하지만, 그들의 몸이 너무 작은 탓에 그 안에서 요동치는 생명력을 전혀 통제할 수 없다. 우리가 성장함에 따라, 우리 안에서 박동하는 생명의 영은 우리 몸에 더 잘 어울리게 된다. 우리의 더 커진 몸에 적응하는 것이다. 그래서 우리는 통통 튀고 덤비고 달려들기를 멈추고, 대신 더 조용하고 진지해진다. 성숙이라고 부를 수 있는 상태가 된다. 그러고 나서 마침내 어느 날 우리가 마지막으로 숨을 내쉴 때, 이스라엘 사람들이 '루아흐'라고 불렀던 이 영-숨이 줄어들고 우리는 조용하고 숨이 없는 상태가 되어, 마침내 편안히 누워, 재는 재로, 먼지는 먼지로 되돌아간다.

아직 이 정도로는 현현 경험의 전부를 말한 것이 아니다. 동전에 양면이 있듯이, 여기에도 다른 면이 있다. 우리 가운데 가장 성숙한 사람은 어떤 사람일까? 영을 길들인 사람이 아니다. 아이들

로 하여금 말 그대로 방방 뛰게 하는, 그 박동하는 생명력을 진압
한 사람이 아니다. 오히려 우리 가운데 가장 어른스러운 사람은,
아이와 같은 생명력을 유지하면서, 그렇지 않으면 쉬이 사라져버
릴 아동기의 박동을 붙잡고서, 그 생명의 선물이 계속해서 빛을 발
하도록, 기민하게 깨어있는 사람이다. 하지만 그보다 훨씬 더 이목
을 끄는 개념이 있다. 그것은 우리 가운데서 사망의 음침한 골짜기
안에서 생명을 끌어안는 일에 가장 진지한 사람들이야말로, 아담
의 흙이라는 잿더미에서 기원한 우리의 실존에 끊임없는 생채기
를 겪은 사람들이야말로, 가장 어린아이 같은 사람이며 우리 안에
있는 영-숨의 박동에 가장 기뻐하며 가장 놀랄 사람일 수 있다는
사실이다. 이것은 어린아이 같은 에너지가 아니라, 고통을 간직한,
추간판탈출증과 심장마비와 잃어버린 꿈들과 식어버린 우정이라
는 시련을 통과한 에너지다.

    내가 욥을 존경하는 이유는, 그가 거침없고 맹렬하게 또한 열
광적으로 삶을 끌어안기 때문이다. '~하는 한'이라며 툴툴거릴 때,
상황에 저항하며 주먹을 들어 올릴 정도의 힘이 그에게 남아 있었
을까? 나는 모른다. 하지만 그에게는 충분한 영이 있었다. 그는 저
항의 말을 힘 있게 내뱉을 수 있을 정도로 충분히 숨을 내쉴 수 있
었다. 지친 욥처럼 우리도 숨을 헐떡이며 "내 안에 '루아흐'가 있는
동안에는"이라고 말하면서 그 말을 붙들 수 있을까? 이 말은 죽음
의 절규들 사이에, 벼랑 끝 절망의 순간들 사이에 매달려 있는 생
명의 영-숨이 고동치는 박동이다. 이것은 슬픔이 없거나 고뇌를

면제시키는 순진한 영성이 아니다. 이것은 생명이다. 그것도 가장 진정한 생명, 즉 살아 숨 쉬는 순간마다 하나님께서 재로 만들어진 몸에, 또한 잿더미로 돌아갈 몸에, 재는 재로 먼지는 먼지로 돌아 갈 운명인 몸에 영을 불어넣으실 때 출현하는 생명이다. 그러는 동 안 이 몸뚱이는 그럼에도 불구하고 영에 이끌리어 충만한 삶을 살 기로 간절하고 단호하게 결단한다.

그리고 그것이 나의 현현 경험이었다. 그 이슬비 내리던 음울 한 겨울날 아침, 제레미의 학교로 향하는 길에서 일어난 이 현현 경험과 더불어, 무언가 다른 생각이 점차 내 안에 떠오르기 시작했 다. 이 생각은 스테로이드 주사를 맞던 기간에, 얼음 주머니를 허리 에 대고 누워 있는 동안에, 그리고 응급실에서 내 심장 박동이 정 상으로 다시 돌아오기를 기도하며 괴로워하고 있을 때, 내 마음속 으로 점차 스며들었다. 나에게 떠오른 생각은, 영은 심지어 육체가 약한 순간에도 거리낌이 없다는 깨달음이었다. '루아흐'는 심지어 몸이 연약할 때에도 계속해서 고동친다. 이 깨달음은 몇 년 동안 불확실성과 고통의 시간을 거치면서, 진정 내가 **살아있는 한, 하나 님의 영이 내 코안에 거하는 한,** 내가 하나님을 찬양할 것이라는 사실을 이해한 그날들을 거치면서 내 마음속에 깊게 울려 퍼졌다.

내가 그 길을 걸으면서 가장 많이 생각했던 것은 단순한 진리 였다. 즉, 하나님의 **영**은 내가 들이쉬고 내쉬는 모든 **숨** 속에 존재 한다는 사실이다. (서문에서 했던 나의 짧은 히브리어 강의를 되새겨보라. 히 브리어로 숨과 영은 같은 단어다.) 어떤 면에서는 이 내용이 내가 배운 가장 단순한 가르침이었지만, 동시에 가장 배우기 힘든, 그리고 가장 받아들이기 어려운 가르침이기도 했다. 나의 모든 숨이 마치 하나님의 영인 것처럼 사는 법을, 도대체 내가 어디에서 어떻게 배울 수 있었겠는가? 이스라엘 시인들에 따르면, 동물들도 이 사실을 안다. 욥은 잿더미 위에서 이 사실을 배웠다. 하지만 몇 가지 이유로 나는 여전히 내 안의 영과 나의 숨을 구별하고 싶어 했다. 이유가 무엇이었든 이 기본적인 가르침을, 이 단순한 진리를, 숨 쉬는 것만큼이나 단순한 이 진리를 당시에는 파악할 수 없었다.

나에게 이 가르침을 어떻게 파악할지 가르쳐 준 사람은, 시애틀에 소재한 스웨덴병원에서 근무하는 한 물리치료사였다. 우리의 대화는 진부하지 않았고, 우리의 시간은 결코 피상적인 적이 없었다. 우리는 그녀의 어두운 작은 치료실에서 내 목과 머리의 긴장도를 측정하기 위해 내 몸에 전극을 달아놓은 동안에도 하나님과 영과 숨에 대해 이야기했다.

그녀가 나에게 시킨 행동은 다음과 같다. "숨 쉬세요. 또 쉬세요. 숨을 들이마시고, 이제 내쉬세요. 깊게 숨 쉬고, 천천히 숨 쉬고, 일정하게 숨 쉬세요." 몇 달에 걸쳐 이렇게 숨 쉬는 동안, 내 긴장감은 해소되고, 고통은 완화되고, 불안은 사라졌다. 물론 일평생 해 온 짧은 호흡법을 버리는 데에는 몇 달, 길게는 몇 년이 걸릴 것이라고 그녀가 경고했지만 말이다. 이제 나는 날마다 숨 쉬는 연습을 한다. 우리 집 곳곳에는 나에게 숨 쉬는 법을 일깨워주는 작은 메모지들이 붙어 있다. 여기 내 컴퓨터 모니터 위에도 하나 있다.

'숨 쉬어, 잭, 숨 쉬라고.'

이 숨들을 통해 내 건강이 회복되기 시작했다. 그리고 이 숨들은 내가 가르치고, 글을 쓰고, 아이들을 돌보고, 조언을 하고, 고치고, 수리하고, 국수를 끓이고, 설거지를 하는 와중에, 심지어는 매일 밤 산더미 같은 아이들의 수학 숙제를 확인해줄 때에도, 긴장을 풀고 평화롭게 쉴 수 있는 공간이 되어 주었다. 이렇게 차근차근 치유되면서 천천히 그리고 확실하게 나에게 떠오른 생각은, 내가 단순한 공기가 아닌 하나님의 '루아흐'를 숨 쉬고 있다는 사실이었다. 하나님의 루아흐는 생명을 일으키는 원천이요, 건강의 근원이다. 나는 하나님의 영-숨을 들이쉬고 내쉰다. 간단히 말해 나는 **아담**이다. (무엇보다도 아담은 단순히 '인간'을 가리키는 히브리어 단어다.) 첫 **아담**처럼 나 역시 생명과 원기로 가득한 진흙 덩어리다. 왜냐하면 바로 하나님께서 내 얼굴에, 내 코에 숨을 불어 넣으셨기 때문이다. 그리고 나는 내 세계를 탐험하고 땅을 경작하며 다른 사람과의 교제에서 기쁨을 맛볼 수 있다.

내 친절한 물리치료사가 신호를 준다. "숨 쉬세요, 그냥 숨만 쉬면 돼요." 나는 숨을 쉰다. 그리고 나는 뼛속 깊이 이 사실을 새긴다. 내 안에 숨, '루아흐'가 있는 한, 나는 하나님을 찬양할 것이다. 내 숨이 내 안에 있고 하나님의 영이 내 코에 있는 한, 나는 살 것이다. 사망의 음침한 골짜기를 거닐 때에도, 나는 아마도 은혜를 받으며 진실하게, 또한 분명히 경쾌하게 걸음을 걸으면서, 특별히 통통 튀는 내 아들과 더불어 멋지게 살아갈 수 있을 것이다.

제2장
다니엘의 훈련

이 장을 읽기 전에 숙지해야 할 성경 본문

- 욥기 32:1-33:7
- 다니엘 1:1-21
- 다니엘 4:1-18
- 다니엘 5:10-16
- 다니엘 6:1-5

몇 년 전 여름의 일이다. 아들 제레미가 열이 펄펄 났다. 나는 녀석과 함께 그물 침대에 쓰러져 누워 있었다. 시애틀의 완벽한 여름 햇살을 받으며 한가로이 흔들거리고 있을 때, 제레미가 나에게 질문을 던졌다. "정말 비열한 그리스도인도 있고, 정말 괜찮은 그리스도인도 있는데, 도대체 왜 그런 거예요, 아빠?" 제레미는 가끔 그러한 질문을 던지곤 했다. 이 녀석은 근심이라곤 전혀 없어 보였다. 금발에 푸른 눈, 상냥한 미소와 넘치는 에너지의 아이. 그런데 그리스도인이 마땅히 보여야 할 모습과 정반대인 실제 상황에 대한 질문을 떠올린 것이다.

바로 지난해, 내 딸 클로이가 대학 첫해를 보내고 집으로 돌아왔을 때에도 그와 유사한 질문을 했다. "그리스도인들은 왜 그렇게 위선적일까요?" 딸은 어느 화창한 날 아침, 시애틀의 유서 깊은 한 채식 식당에서 거리낌 없이 물었다. 나는 유기농 방식으로 재배한 공정 무역 자바산 커피 위에 머리를 숙이고는 생각에 잠겼다.

내 열두 살짜리 아들과 열아홉 살짜리 딸에게 어떻게 대답해야 할까? 그리스도인에게 하나님께서 그들 안에 두겠다고 약속하신 영이 존재한다면, 왜 모든 그리스도인이 고결한 삶을 살지 못할까? 그리고 그리스도인이 아닌 사람들(거룩한 영이 없는 사람들 또는 그들에게는 거룩한 영이 없다고 우리가 배운 사람들)이 어떻게 그리스도인보다 더 고결한 삶을 살 수 있단 말인가? 딜레마는 나 역시 이 문제를 너무나 잘 알고 있다는 사실이다. 나는 신학대학원 두 곳과 기독교 대학 두 곳에서 강의를 해 왔고, 자주 집으로 돌아와서는 부엌 의자에 털썩 주저앉아 턱을 괴고 아내 프리실라에게 동료 교수들이 서로에게 얼마나 잔인한지 한숨을 쉬며 이야기하곤 했다. 그들 각자도 나름 영으로 충만한 그리스도인일 텐데 말이다. 심지어 그들은 종종 뼛속까지 잔인한 모습을 보였다.

이런 경험들 때문에 나는 성경뿐만 아니라 모든 시를 통틀어서 가장 심오한 시 가운데 하나인 시편 55편을 들여다보게 됐다. 시인 역시 한숨을 내쉰다.

나에게 비둘기처럼 날개가 있다면

날아가서 편히 쉴 텐데! (시 55:6)

무슨 이유로? 도대체 누구 때문에 시인은 날아가 버리고 싶은 가? 그를 조롱하고 놀리는 적들 때문이 아니다.

그것은 나의 동료,

나의 친구요, 나의 가까운 벗인 너다.

우리는 같이 즐겁게 어울리며

군중들과 함께 하나님의 집 안을 거닐던 사이였는데 말이다.

(시 55:13-14)

이 내용 안에는 예수와 가룟 유다의 그늘도 드리워져 있다. 그래서 나는 가끔 유다가 예수의 뺨에 부드럽게 입을 맞춘 그 동산에서, 왜 예수가 그의 기억에서 이 시편을 끄집어내지 않았을까 궁금해 한다. 그가 십자가에서 시편 22편의 "나의 하나님, 나의 하나님, 어찌하여 나를 버리셨나이까"를 인용했듯이 말이다.

여기에는 우리 일상의 그림자도 드리워져 있다. 우리와 함께 걸으면서 예배하던 믿음의 사람들, 우리의 가까운 친구들, 친절한 동료들이 어떤 식으로든 우리에게 등을 돌릴 때가 있다. "그의 입은 버터보다 부드러우나, 그의 마음은 전쟁터이며, 그의 말은 기름보다 매끄러우나, 실상은 뽑아든 칼이로다"(시 55:21). 그들은 우리의 우정을 배반하고 우리의 몰락을 갈망한다. 반면, 교회 건물에

한 번도 발을 들여 놓은 적이 없는 사람들, 예수의 이름을 불러본 적도 없는 사람들, 예수의 부서진 살을 입에 대보지도 않은 사람들이 나와 각별한 사이를 유지한다. 나와의 신의를 지켜왔고, 나와의 우정을 스스로 증명해온 사람들이다. 신뢰할 수 있고, 너그러우며, 위선적이지 않은 사람들이다.

제레미의 말에 동조하거나 맞장구치지 않으면서 녀석의 질문에 어떻게 답변해야 할까? 나는 그다지 확신이 서지 않았다. 하지만 그날 향나무 그늘에서 실제로 했던 이야기를 당신에게 조금 들려줄 수는 있다. 그날 나는 이렇게 설명했다. "하나님은 각 사람이 태어날 때 그들에게 거룩한 영, 하나님의 숨을 불어 넣으셨어. 실제로 예수님과 같은 시대에 살았던 이집트 출신의 유대인 철학자 필론은 말이야, 창세기에서 하나님께서 불어 넣으신 숨이 단순히 육체의 숨이라는 선물만은 아니라고 믿었단다. 이 철학자는 하나님께서 첫 사람에게, 그리고 그 이후의 모든 사람에게 고결한 삶을 위한 잠재력을 불어넣으셨다고 믿었어. 하나님께서 불어넣으신 것은 단순히 숨이 아니라 영이었고, 그 영은 사람이 훌륭하게 살 수 있도록 돕는 선물이었던 거지."

이게 그때 내가 한 말의 일부다. 그다지 나쁜 답변은 아니었다. 이제 그때 내가 제레미에게 들려주었어야 했던 이야기를 해보려 한다. 나는 이집트 출신의 유대인 철학자 이야기를 빼고 대신 성경에 나오는 두 젊은이 이야기를 했어야 했다. 한 명은 그 영을 오해한 젊은이인데 우리가 앞 장에서 만났던 엘리후다. 나머지 한 명은 그 영을 잘 보살피고 함양했던 젊은이로, 우리가 아직 만나보지 않은 다니엘이다. 그때 제레미가 내 설명의 요점을 파악했다 해도, 지금 하려는 설명을 훨씬 더 좋아했을 것이다. 엘리후와 다니엘도 제레미 같은 청년이었기 때문이다. 제레미보다 겨우 몇 살 더 많았을 것이다.

엘리후의 분노

나는 종종 학생들에게 무언가를 오해한 성경의 인물에게서 가장 많은 교훈을 얻을 수 있다고 말하곤 한다. 그러면 이 젊고 인내심 없는 엘리후를 다시 살펴보자. 나이 든 사람 몇 명이 욥 주변에 모여들어 길게 이야기를 나눴지만, 그의 고난을 설명해줄 만한 내용을 도출하지 못했다.

나는 그들의 모습이 건물에 난 구멍 하나 혹은 콘크리트 더미 주변에 모여들어 고민하고 조사하다가 결국은 성과를 내지 못한 공사장 인부들과 비슷하다고 생각한다. 그 가운데는 데만 사람 엘리바스와 수아 사람 빌닷과 나아마 사람 소발이 있었다. 이 사람들의 이름은 잊어버려도 좋다.

그렇게 욥기의 3/4 가량이 지나고 나서, 화자는 이 상황을 뒤흔들 인물인 엘리후를 소개한다. 엘리후는 "화가 났다. 욥에게 화가 난 것은 욥이 하나님보다 자신을 의롭다 했기 때문이다. 그는 세 친구에게도 화가 났다. 그들은 욥이 틀렸다고 선언했다. 엘리후는 그들이 자기보다 몇 살 많기 때문에 욥에게 말할 차례를 기다리고 있었다. 그런데 이 세 사람의 입에 대답이 없는 것을 보고는, 화가 났다"(욥 32:2-5). 혹시 독자들이 이 사실을 놓칠까 하여 재차 말하는데, 엘리후는 몹시 화가 났다.

그래서 그는 욥기 32:6-9에 나오는 식으로 말을 내뱉기 시작한 것이다. 이 말들은 특별히 지혜롭지도 사랑스럽지도 않지만, 우리에게 교훈이 되는 내용이 들어있다. 그는 어른들에게 상기시킨다. "나는 나이가 어리고 당신들은 나이가 많습니다. 그래서 제 의견을 당신들에게 꺼내는 것을 주저하고 염려했습니다." 그는 철저하게 공경하는 마음으로 어른들의 이야기에 귀를 기울이면서 "나이 많은 분의 말을 듣고, 연륜이 많은 분이 지혜를 가르쳐야지"라고 말했지만, 이제는 그 생각이 틀렸음을 알게 됐다. 틀렸어! 그는 어른들이 웅얼거리는 소리에 귀를 기울였지만, 손에 남은 게 없었다. 실제로는 머릿속에 남은 게 없었다. 그들의 헛된 대화에서 건진 것이 딱 하나 있었다. 즉, 지혜라는 건 나이가 든다고 자동으로 생기는 것이 아니라는 사실이다. 나이가 더 많은 남자가 반드시 더 현명한 것은 아니다. 나이가 더 많은 여자가 반드시 더 현숙한 것도 아니다. 그렇다면 사람은 무엇으로 지혜로워지는가? 엘리후가 제일 잘 안다.

그런데 정말이지 지혜는 사람 속에 있는 **영**이요

전능자의 **숨**이어서, 사람에게 깨달음을 줍니다.

나이가 많다고 지혜로운 것도 아니고,

노인이라고 옳은 판단을 하는 것도 아닙니다. (욥 32:8-9)

　아무리 어린 여자에게도 하나님의 영이 있으며, 아무리 미숙한 남자에게도 하나님의 숨이 존재해서, 사람이 깨달음을 얻을 수 있다. 영-숨이 사람을 지혜롭게 한다.

　곧 살펴보겠지만 엘리후의 이런 판단 역시 틀렸다. 하지만 하나님의 영에 관한 통찰 중 몇몇은 제대로 맞추었다. 첫째, 영은 사람의 일평생에 존재하는, 하나님의 창조하는 숨이다. 그 영은 태초부터 존재하고 있다. 때로는 '영'이라 부르고 때로는 '숨'이라 부를 수도 있는데, 차라리 영-숨이라고 부르는 것이 낫다. 이 '루아흐'를 뭐라고 부르건, 그것이 숨을 쉬는 모든 사람 안에 존재한다는 사실을 기억하라.

　우리가 엘리후에게서 얻을 수 있는 두 번째 통찰은 영-숨이 지혜의 근원이라는 것이다. 엘리후는 이전에는 나이가 지혜의 근원이라고 생각했지만, 나이 든 영감님들의 허풍을 듣다 보니 화가 치밀었다. 욥조차도 어째서 의인인 그가 그토록 심한 고통과 근심을 겪어야 하는지 설명하지 못했다. 그래서 엘리후는 욥 때문에도 몹시 화가 났다. 그들의 살아온 날들, 그들의 나이는 아무런 소용이 없었다. 그게 사실이라면, 말하자면 나이가 지혜에 더해줄 게 없다면, 도대체 지혜의 근원은 무엇인가?

그런데 정말이지 지혜는 사람 속에 있는 **영**이요
전능자의 **숨**이어서, 사람에게 깨달음을 줍니다. (욥 32:8)

우리의 철학자 친구 필론이 기록했듯이, 하나님께서 아담에게
숨을 불어 넣으셨을 때 그가 주신 것은 단순한 숨이 아닌 영-숨이
었다. 그렇기 때문에 인간은 그냥 사는 정도가 아니라, 훌륭하게
살 수 있다.

당신은 아마도 엘리후가 쏟아낸 말들이, 그 여름날 오후에 제
레미가 나에게 던졌던 질문, "정말 비열한 그리스도인도 있고, 정
말 괜찮은 그리스도인도 있는데, 도대체 왜 그런 거예요?"에 내가
대답하는 데 어떤 도움이 될 수 있을지 이해할 수 있을 것이다. 그
리고 당신은 아마도 엘리후의 독백이, 지난 봄 커피와 도넛을 먹으
며 클로이가 던졌던 솔직한 질문, "그리스도인들은 왜 그렇게 위
선적일까요?"에 내가 대답하는 데 어떤 도움이 될 수 있을지 헤아
릴 수 있을 것이다. 우선 간단히 표현하면, **모든 사람 안에는 하나
님의 영-숨이 존재하며, 그 영-숨은 모든 사람에게 지혜의 근원이
요 덕스러운 행동의 원천이다.**

물론 이 정도로는 충분한 답변이 되지 못한다. 그 질문, 즉 '선
한 사람과 악한 사람 사이의 차이는 무엇인가'에 대한 답변이 되
지 못하기 때문이다. 그 질문은 이렇게 표현하는 게 더 나을 수도
있겠다. '친절한 사람과 잔인한 사람 사이에 차이가 나는 이유가

무엇인가?'

이 질문에 답하기 전에, 그 두 부류 사이에 차이가 나지 않는 측면 하나를 이야기하고 싶다. 그것은 강렬한 경험이라는 측면이다. 엘리후는 그가 통제력을 상실했기 때문에, 더 이상 자신의 혀를 제어할 수 없기 때문에, 그 영-숨이 내면에서 일어나 입에서 말들이 저절로 튀어나오기 때문에, 자기에게 지혜가 있다고 믿었다. 하지만 이것은 오해였다. 우리는 엘리후가 처음 불평을 이어가는 말 속에서 이런 측면을 확인할 수 있다. 그는 당황한 노인들의 침묵을 향해 시끄러운 소리를 쏟아낸다.

> 그들이 말이 없는데, 내가 더 기다려야 하나?
> 그들이 거기 서서 더 이상 대답을 못 하는데?
> 나도 내 대답을 말해 보겠다.
> 나도 내 의견을 피력해 보겠다.
> 내 속에 말이 가득하다.
> 내 안의 **영**이 나를 에워싸고 있다.
> 내 마음은 정말로 분출구 없는 포도주 같다.
> 새 술 부대 같아서 곧 터질 것 같다.
> 속이 후련하도록 기필코 말을 해야지.
> 입을 열어 반드시 대답해야지. (욥 32:16-20)

'참을 수 없는 분노로 몸을 부들부들 떨었다.' 엘리후 안에서 영이 받고 있던 충격을 이렇게 묘사할 수 있겠다. 엘리후는 심지어 '에워싸다'라는 동사를 사용해서 자기 내부에서 영이 솟아오르는 느낌을 표현했다. 이 동사는 성경의 다른 곳에서, 적들이 이스라엘을 에워싸는 바람에 이스라엘 사람들이 자기 아들과 딸을 먹어야 했던 끔찍한 상황을 묘사하는 데 사용됐다(신 28:53, 55, 57). 엘리후의 영은 인내심을 에워쌌고, 그의 마음은 막 넘쳐흐를 것 같은 댐처럼, 막 폭발할 것 같은 화산처럼, 시애틀 바로 동편 캐스케이드 산의 경사를 따라 쏟아져 내릴 듯한 산사태처럼, 포도주 부대에 든 발효된 포도주처럼 곧 터질 것 같았다. 엘리후가 느끼고 있는 것은 부드러운 혹은 세심한 영성이 아니다. 그는 자기 내면 깊은 곳에서 수그러들지 않고 강력하게 솟구치는 영-숨을 느끼고 있다. 그 영은 혀를 굴리는 숨이며, 노인들의 무지로 생긴 공백을 그의 신선하고 새로운 지혜로 채우는 말들의 세례였다.

그런데 엘리후 자신은 영의 인도를 받았다고 주장하지만, 그가 욥에게 한 충고를 쭉 읽어보기만 해도, 얼마나 영의 인도를 받지 않았는지, 얼마나 서투르게 충고라는 무딘 도끼날을 휘두르고 있는지 알 수 있다. 그의 말들은 일평생 지속되는 지혜의 원천으로서 태어날 때 주어진 하나님의 영-숨의 말이 아니다. 그 말들은 그저 인내심 없고 힘이 넘치며 과도한 자신감에 부푼 한 젊은이의 말일 뿐이다.

우리는 엘리후의 실수로부터 배워야 할 게 많다. 내 생각에 너무나 자주 우리는 하나님의 영의 현존을 어떤 느낌에, 심지어는 신체적 감각에 연관시킨다. 이를테면, 바닥에 쓰러지거나 경련이 일어나는 현상에 소름이 끼치는 느낌을 받는 것처럼 말이다. 그리고 우리는 너무나 자주 충동에 휩쓸려 자기 생각을 말하고 자기 의견을 제시하는 등 입을 다물지 못하는 상황을 거룩한 영의 탓으로 돌린다. 그러한 경험은 엘리후가 인내심 없이 말을 쏟아낸 것과 비슷하다. 엘리후는 자기 내부에 영-숨을 눌러 앉힐 수 없었다. 그는 그저 이야기**해야 했다.** 그는 그저 말**해야 했다.** 그는 그저 충고를 **해야 했다.** 그는 더 이상 통제할 수 없었다. 그것은 하나님의 영이 **틀림없다!**

당연히 엘리후는 틀렸다. 적어도 부분적으로는 말이다. 이는 그가 앞 장에서 부분적으로 틀렸던 것과 같다. 엘리후의 말이 영-숨이 생명을 불러일으킨다는 사실을 이해한다는 면에서는 욥의 말과 굉장히 비슷하게 들렸지만, 자기중심적으로 영을 이해한다는 면에서는 욥의 말과 아주 달랐다는 사실을 떠올려보라. '그 영은 **나에게** 생명을 준다!' 검증이나 시험을 받아본 적이 없는 엘리후는 하나님의 영-숨이 사람들 안에 **있는 한** 그들이 하나님을 찬양할 수 있다는 기본적인 진리를 몰랐다.

그리고 지금 엘리후는 또다시 기본적인 진리 하나를 왜곡하고 있다. 나이가 아니라, 태어날 때 주어지고 죽을 때 사라지는 하나님의 영-숨이야말로 지혜의 근원이라는 언급 말이다. 하지만 엘리후는 지혜가 영에 대한 자동적인 반응이 아니라는 사실을 파악하지 못했다. 강렬한 감각을 느낀다고 해서 깨달음을 얻었다는 신호는 아니다. 통제력을 상실한 상태에서 앎이 온전한 모습으로 나타날 리 없다. 엘리후는 영의 바른 신호를 감지하는 데 실패했기 때문에, 잿더미에 앉아있는 패배한 사람을 격려하기보다 책망했고, 전보다 더 참담하게 만들고 말았다.

따라서 우리는 제레미와 클로이가 그들 나름의 방식으로 제기했던 질문을 다시 던지게 된다. 비열한 사람과 친절한 사람 사이의 차이는 무엇인가? 무엇이 위선자와 흠 없이 진실한 사람 사이에 차이를 가져오는가? 답변을 찾기 위해 우리는 부스 사람 바라겔의 아들 엘리후의 요란하고 성미 급한 연설을 뒤로하고, 우리에게 친숙한 다니엘의 이야기에서 우리에게 낯선 측면을 들여다볼 필요가 있다.

긴 여정을 위한 영

내가 다니엘서를 처음 배운 것은, 롱아일랜드의 낡은 교회 안 눅눅한 지하실에 자리한, 비좁고 분홍색으로 칠해진 주일학교 교실에서였다. 내 선생님이셨던 파이프 부인은 커다란 면판 위에 각각 다니엘, 사자, 풀무불이 그려진 종잇조각을 나란히 붙이고 이야기를 들려 주셨다. 다니엘만 읽을 수 있었던, 벽에 손으로 쓰인 페르시아 문자가 그려진 조각도 붙이셨을 수 있지만, 내 기억에는 남아 있지 않다. 면판과 찍찍이 그림 조각은 뭔가 엉성하긴 했지만,

컴퓨터 그래픽이 발달하기 전의 시대에 내 마음속에 다니엘의 위엄을 각인시키는 데 일조했다. 이후로 나는 스스로 성경을 연구하며 다니엘에 대해 더 많은 것을 알게 됐지만, 어린 시절에 형성된 이런 바탕에 언제나 감사한 마음을 가지고 있다.

사실 내가 나중의 연구를 통해 얻은 통찰들이 어릴 때 배운 내용과 차이가 있다 하더라도 이야기들의 내용은 변함없이 그대로다. 주전 587년 예루살렘이 몰락하고 성전이 파괴된 지 얼마되지 않았을 때, 네 남자가 강제로 바벨론에 포로로 잡혀간다. 바벨론은 이들을 포로살이하는 이스라엘 사람들의 지도자로 훈련시킨다. 이것은 친숙한 식민지 정책이다. 원주민 중 일부를 중간자 역할로 세워서 제국과 포로들 사이를 중재하도록 훈련시키는 것이다. 이어지는 장들에서 다니엘은 놀라운 일들을 행한다. 그는 거대한 신상에 관한 느부갓네살의 꿈을 해석하고, 그와 친구들은 느부갓네살의 금 신상에 절하지 않았다는 이유로 풀무불에 던져지지만 구출된다. 그는 거대한 나무에 관한 느부갓네살의 꿈을 해석하고, 느부갓네살의 아들인 벨사살 왕이 주최한 잔치 동안 벽에 나타난 손글씨를 해석한다. 마지막으로 그는 다리오 왕의 정치적 측근들의 시기 때문에 사자 굴에 던져지지만 구출된다.

이 이야기 속에서 영은 3세대 동안 지속적으로 나타난다. 상당한 기간이다(파이프 선생님이 붙였던 다니엘의 모습은 항상 건장한 청년이었지만, 다니엘서라 불리는 책 안에서 다니엘은 점차 나이가 든다). 그 영의 이야기들은 다음과 같이 전개된다.

- 1세대: 바벨론의 느부갓네살 왕은 세 번에 걸쳐 다니엘이 '그 안에 하나님의 영'을 소유하고 있다고 주장한다(단 4:8, 9, 18 개역개정; 4:5, 6, 15 아람어 성경).

- 2세대: 느부갓네살 왕의 며느리는 벨사살 왕의 연회 동안에 일어난 당혹스러운 글씨 사건을 전해 들은 후 기억을 떠올린다. "당신의 나라에는 **거룩한 하나님/신의 영**이 있는 사람이 있습니다. 당신의 부친 때에 명철과 총명과 신들의 지혜와 같은 지혜를 소유한 것으로 알려졌던 사람입니다." 이어서 그녀는 그에게 "'**우수한' 영**(개역개정, '마음이 민첩하고'—역주)과 지식이 있었고, 꿈을 해석하며 수수께끼를 풀고 문제를 해결할 수 있는 총명이 이 다니엘 안에 있었다"고 회상한다(단 5:11-12). 그녀의 남편이자 느부갓네살의 아들인 벨사살도 다니엘의 '우수한 영'에 대해 알고 있었다(단 5:14).

- 3세대: 이번에는 완전히 새로운 제국이 등장한다. 메대의 다리오 왕은 다니엘을 제국의 정책을 관장하는 최고위층 관리로 임명할 계획을 가지고 있었는데, 그 이유는 "그 안에 있는 '우수한' 영" 때문이었다(단 6:3 개역개정; 6:4 아람어 성경).

여기에는 많은 영 관련 언어가 등장한다. 이 세 장에 영이 여섯 번 가량 언급된다. 파이프 선생님이 매우 헌신적인 분이기는 했지만, 여기에서 우리는 영에 관하여 주일학교에서 배웠을 법한 것보다 더욱 많은 내용을 발견할 수 있다.

우리가 발견한 내용은 다음과 같다. 즉, 영은 오랜 여정 동안 다니엘 안에 존재했다. 그 영은 다니엘의 관점에서든, 주변 제국의 건설자의 관점에서든, 일시적인 신의 매복 같은 것이 아니었다. 느부갓네살과 벨사살과 다리오 왕, 이 3세대에 걸쳐 다니엘은 연속되는 이방 통치자들로 하여금 오직 하나님에게서만 올 수 있는 영이 그 안에 있음을 인식할 정도의 지혜를 보여주었다. 다니엘이 3세대에 걸쳐 지혜를 소유했다면, 이는 그가 이따금 하나님의 영이라는 특별한 재능을 부여받았기 때문이 아니라, 그 안에 있는 영이 지속적으로 명철과 지혜와 총명의 원천이 됐기 때문이다.

시간을 들여서 이 통찰을 묵상해보라. 이 이야기들에서 우리가 발견하는 내용이 특이하고 호기심을 자극하며, 또한 우리의 삶을 변화시킬 만한 잠재력을 지니고 있기 때문이다. 우리가 하나님의 영을 묘사하기 위해 동원해 온 여러 방식 중 어떤 것도 이 이야기들에는 적용되지 않는다. 다니엘은 영을 받지도 않았다. 그는 영으로 세례를 받은 적도 없다. 영이 그에게 부어지지도 않았다. 영은 그에게 휘몰아쳐 들어온 것도, 그 안에 깃든 것도 아니다. 그는 영에 취하지도 않았고(이 내용에 대해서는 나중에 살펴볼 것이다), 영을 느끼지도, 영을 감지하지도, 영을 붙잡지도 않았다. 영은 그를 움직이지도 않았고, 그에게 이야기를 하지도 않았으며, 그를 몰아가지도 않았고, 그를 가르치지도 않았다.

영의 유일한 행위는 (실제로는 아무런 행위도 하지 않았지만) 다니엘 안에 **존재하는** 것이었다. 하지만 이런 이야기도 오해를 일으킬 수 있다. 주지하다시피 본래 아람어로 된 다니엘서에서 영을 기술하기 위해 사용된 동사는 하나도 없다. 아예 없다. 만약 우리가 이 이야기를 문자 그대로, 단어 그대로 번역한다면, 우리는 다음과 같은 번역문을 만나게 될 것이다. '그 사람 안에 우수한 영 때문에' 혹은 '그 사람 안에 하나님의 영 때문에.' 이 문장에서 무엇을 보는가? 그 영이라는 것이 그저 있었다. 아니, 그것도 맞는 말이 아니다. 그 영이 그저 그 사람 안에 있었다.

이제 잠깐 책을 덮고 이 말을 생각해보라. 왜냐하면, 생산성의 관점에서 삶을 바라보고, 성취의 관점에서 우리의 업적을 계산하며, 우리의 자산을 소득으로 측정하고, 우리의 가치를 성과로 평가하는 우리에게 이 말은 터무니없기 때문이다. 다니엘 안에 있던 하나님의 영, 그 우수한 영은 전혀 아무것도 **하지** 않았다. 그 영은 아무도 변화시키지 않았고, 아무에게도 세례를 주지 않았으며, 아무도 가르치지 않았고, 아무도 압도하지 않았으며, 방언을 말하도록 인도하지도 않았다. 그 영은 그저 깊은 울림을 가진 풍부한 지혜와 지식의 원천이요, 3세대와 두 제국을 거치는 동안 이 젊은이의 인격 속에 스며들어 있던 통찰의 원천이었다.

단순성과 영

동사가 없는 영성. 이것이 바로 다니엘서가 하나님의 영에 관해 우리에게 가르치는 내용이다. 다니엘은 그 영을 **추구하기**보다 그 영 **안에 자리를 잡았던** 사람이다. 그는 그 영의 권세가 직접적으로 급격하게 드러나기를 **갈망하기**보다 자신의 인생에 보이지 않는 틈새들 속에 영이 확장할 수 있는 **공간을 마련했다**. 그는 **영적인 힘이 종종 폭발하는 것**보다 **긴 여정을 위한 단순한 삶**에 굶주려 있었다.

그렇다면 다니엘은 어떻게 그러한 영의 삶에 다가갔는가? 그것은 단순하고 끈덕진 신실함을 통해서였다.

이 내용을 처음부터 추적해보자. 바벨론에 포로로 잡혀간 다니엘은 이스라엘 자손 가운데서도 왕족과 귀족 집단에 포함됐다. 그들은 이미 "육체적으로 흠이 없고 용모가 아름다우며, 모든 지혜를 통찰하며, 지식에 통달하며, 학문에 익숙하여 왕궁에 설 만한 소년들로서, 갈대아 사람의 학문과 언어를 배워야 했다"(단 1:4). 다니엘은 말하자면 사육동물과 같았다. 그것도 똑똑한 사육동물이었다. 그는 모든 것, 즉 지적인 탁월함, 육체적인 강인함, 영화 주인공같이 잘생긴 외모를 가진, 보기 드문 표본이었다.

하지만 다니엘은 이 조건들 중 어느 하나도 출세를 위해 사용하지 않았다. 그는 제국의 권력 사다리를 타고 오르는 일에 자신의 두뇌, 체력, 또는 보는 사람을 쓰러뜨릴 정도의 외모를 활용하지 않았다. 거의 모든 다른 왕족 포로들은 나중에 왕궁에 설 수 있는 자격을 갖추기 위해 왕의 식탁에서 나온 호화로운 음식과 포도주를 대접받았다. 하지만 다니엘은 그들과 달리 "왕의 음식과 그가 마시는 포도주로 자기를 더럽히지 않기로 결심하고, 자기를 더럽히지 않게 해 달라고 환관장에게 요청했다"(단 1:8). 풀무불의 세 친구도 다니엘과 뜻을 같이했다. 그들은 함께 기름진 음식과 포도주가 아닌 채소를 먹었다.

그 결과를 보기 전에(물론 우리는 다니엘이 다른 동료들을 능가했다는 사실을 알고 있다), 영과 단순성의 관련성을 생각해보자. 자기 부정과 풍부한 영적 생명 사이에는 어떤 연관성이 존재할 수 있는가? 다니엘의 이야기는 연관성이 있다고 말한다. 평생의 습관은 평생 우리를 인도하는 영-숨에 관한 우리의 경험에 피할 수 없는 영향을 준다. 그리고 그 습관들은 수백만 번의 결정으로 형성된다. 그 결정들 가운데 일부는 중대하고 일부는 사소하겠지만, 그 모두는 중요한 결정들이다.

종종 그 결정들은 거룩한 영과는 아무 상관이 없는 것처럼 보인다. 이 이야기 속에서 정말 감동적이고 깨달음을 주는 내용은, 다니엘과 친구들이 지혜로 충만했던 이유가 그들이 서로 경쟁하며 왕성한 영적 생명을 추구한 결과가 아니었다는 사실이다. 그들이 지혜로 충만했던 이유는, 그런 것들과는 전혀 관계 없어 보이는 일, 즉 채식에 충실했기 때문이다. 진수성찬과 고급 포도주가 아닌 단순한 음식을 먹었기 때문이다.

다니엘이 처음으로 환상과 꿈의 해석자로 인정되는 곳이 바로 여기다. 즉, 왕의 배급을 거부한 것으로 인한 혹독한 시련 속에서다. 야망을 물리치고, 권력을 거부하고, 단순성을 즐기고, 높은 지위를 추구하기를 거부하는 모습 속에서다. 화자는 우리에게 이렇게 말한다. "하나님이 이 네 소년에게 모든 방면의 서적과 지혜를 깨닫게 할 지식과 기술을 주셨다. 다니엘은 모든 환상과 꿈을 깨달을 통찰력도 가졌다"(단 1:17).

이 첫 이야기에서 우리는 지혜, 즉 장차 여러 세대에 걸쳐 다니엘의 영에서 분출되어 나올 지혜의 원천이 끈덕진 신실함과 사치를 거부하는 이례적인 단순성이라는 사실을 확인할 수 있다. 왕의 보급품을 거부한 기간이 끝나고 다니엘과 그의 친구들이 느부갓네살 왕 앞에 섰을 때, "왕은 그가 그들에게 물어본 일에 관한 지혜와 이해의 모든 면에서, 그들이 온 나라 박수와 술객보다 열 배나 낫다는 사실을 알았다"(단 1:20).

다니엘의 이례적인 영에 관한 마지막 이야기로 가서 보면, 다시 한번 신실함이 핵심적인 위치에 자리 잡고 있음을 알 수 있다.

> 다니엘 **안에 우수한 영이 있었기 때문에**(개역개정, '마음이 민첩하여'—역주) 그는 곧 다른 모든 총리들과 고관들보다 두각을 나타냈고, 왕은 전국을 다스리는 자리에 그를 세우려는 계획을 세웠다. 이에 총리들과 고관들이 국사와 관련하여 다니엘을 트집 잡을 근거를 찾으려 노력했다. 하지만 아무 트집거리, 아무 부정부패도 찾지 못했으니, 이는 **그가 신실했기**(개역개정, '충성하여'—역주) **때문이다.** 그에게서 어떤 근무태만도, 어떤 부정부패도 찾을 수 없었다.
>
> (단 6:3-4)

이 마지막 이야기의 방점을 찍는 신실함이라는 주제는 새롭지 않다. 첫 이야기의 요점 역시 다니엘과 세 친구가 신실함 때문에 왕이 배급하는 음식을 거부했다는 내용이었다. 그리고 그 결과는 어떠했는가? 그들은 건강하고 원기 왕성하고 현명했으며, 심지어 다니엘은 환상과 꿈도 해석할 수 있었다. 여기서 우리는 영성에 지름길이 없다는 사실을 배운다. 단기간에 빈번하게 일어난 영의 주입 같은 현상 때문에 다니엘이 일순간에 현자로 변화된 것이 아니다. 오히려 빠르게 이어지는 이야기들 속에서 우리는 다니엘에 관한 충격적인 사실을 알게 된다. 즉, 일평생 다니엘 안에 있던 지혜의 원천인 영-숨은 단순한 삶에 대한, 전심을 다한 신실함에 근간을 두고 있었다.

침상 대화

제레미는 보드라운 머리칼을 내 팔에 파묻고 작은 오른손을 내 배에 얹은 채 물었다. "정말 비열한 그리스도인도 있고, 정말 괜찮은 그리스도인도 있는데, 도대체 왜 그런 거예요, 아빠?" 나는 그 당시로서는 최선의 답변을 했다. 그 녀석은 열이 나고 아픈 상태였고, 긴 대답에 귀를 기울이는 것보다는 질문을 던지는 게 더 수월했을 것이다.

　나는 제레미에게 우리 각자 안에 있는 하나님의 숨이 육체적 생명 이상의 것임을 이야기해 주었다. 그것은 하나님의 숨이며, 모든 사람이 엄마의 뱃속에 잉태될 때부터 그들 안에 있는 **하나님의 영-숨**-'루아흐'다. 이 영-숨에 세심한 주의를 기울여 그 영-숨을 중심으로 삶을 만들어가고, 그들의 숨 하나하나를 하나님의 지혜에 장단을 맞추어 쉬려고 노력하는 사람이 있다. 그런 사람 가운데는 그리스도인이 아닌 사람도 있다. 반면에 이 영-숨에 전혀 관심을 기울이지 않는 사람도 있다. 그런 사람 가운데는 그리스도인도 많다. 그들은 놀라운 하나님의 숨이 자신 안에 존재한다는 사실을 의식하지 못한 채, 되는대로 숨 쉬고 먹고 원하고 가진다. 나는 이렇게 설명했다. "그건 마치 부엌에 최고급 냄비와 프라이팬과 식칼을 갖추어 놓고는 전혀 요리할 생각이 없는 것과 같아. 아니면, 완벽하게 길을 들인 야구 글러브와 편안한 운동화를 가지고 있으면서 전혀 연습을 하지 않는 것과 같지."

　이것이 바로 편안하게 흔들거리는 그물 침대 위에 누운 채, 향나무 그늘에서 내가 제레미에게 했던 이야기의 요지다. 그리스도인에게는 단순하고 신실하게 살 수 있는 능력이 있다. 그리고 그런 식으로 특별한 지혜를 소유한 백성이 될 능력이 있다. 혹은 38.5도로 열이 펄펄 나서 혼란에 빠진 열두 살짜리 소년의 표현을 빌리자면, 비열하지 않은 사람이 될 능력 또는 적어도 비열하지 않은 영을 가진 사람이 될 능력도 있다.

　하지만 나는 아들에게 엘리후와 다니엘에 관한 이야기를 더 많이 해 주었어야 했다. 나는 제레미와 대화한 이후로 이 두 인물에 대해 더 많은 생각을 했고, 그물 침대에 누워 생각했던 때보다는 조금 더 많은 통찰을 가지게 됐다.

1. 나에게 완전히 새롭게 답변할 기회가 주어진다면, 나는 제레미에게 웃으면서 채식을 해 보라고 권하겠다. 다르게 표현하면, 야망은 영의 적이며, 단순함은 영의 절친한 친구다. 엘리후에게 이 내용을 질문해 본다면, 그가 전혀 아는 게 없다는 사실이 드러날 것이다. 또 가만히 앉아 엘리후의 연설을 통째로 읽어 보더라도 그의 말 속에서 겸손이라고는 조금도 찾을 수 없을 것이다. 하지만 다니엘의 이야기를 읽어보면, 단순함이 가득한 삶, 겸손으로 장식된 삶을 발견할 것이다. 다니엘은 장밋빛 약속들로 가득했던 잘생기고 멋진 이스라엘 소년 집단과의 연줄을 유지함으로써 성공의 사다리를 타고 올라가려는 계획을 꾸미지 않았다. 이 이야기의 교훈은 분명하다. 즉, **하나님의 영-숨은 야망과 출세가 아닌 단순함과 겸손을 선택한 사람들 안에서, 기름진 육류와 고급 포도주가 아닌 단순한 채소를 선택한 사람들 안에서 박동한다.** 명쾌한 교훈이다. 하지만 실천에 옮기기에는 너무 어려운 교훈이다.

순이익의 개념을 거부하고, 권력의 유혹을 물리치며, 명예의 매력에 저항하고, 꼭 필요하지 않은 것에는 욕심을 내지 않는 자세, 그리고 그 대신 우리 안의 영-숨을 함양하는 데 집중하는 자세는 정말이지 급진적인 발걸음이다. 우리 그리스도인 중 다수는 단순하게 사는 일에 그다지 능숙하지 못하다.

2. 또한 제레미에게 이런 이야기를 하겠다. 인생을 긴 여정으로 보고 살아라! 나는 오늘날의 그리스도인들이 엘리후의 세대에 속하는 것은 아닌지 우려가 된다. 엘리후는 자기 내부에서 저절로 소용돌이가 일어나는 것을 느꼈고, 그 영이 자신의 통제력을 에워싸고 있다고 믿었다. 그래서 그는 궁지에 몰린 욥에게 멍과 상처를 남기는 가혹하고 쓰라린 판단의 말들을 하고 또 했다. 내가 우려하는 바는, 우리 중 다수가 엘리후처럼 화려한 체험들을 영의 사역으로 오해하고는, 결과적으로 실제 모습보다 자신이 더 현명하다고 생각한 나머지 다른 사람에게 해를 끼치는 행태다. 우리는 영의 인도를 받지도 않으면서 도움도 안 되는 충고를 던지고 연설을 늘어놓는다. 엘리후는 자기가 영의 인도를 받는다고 생각했지만, 제레미는 그가 실제로는 그저 비열한 인간일 뿐이라고 판단할 것이다.

엘리후를 다니엘과 비교해 보라. 다니엘은 화려한 영 체험에 연연하지 않았다. 대신 그는 구체적인 단계(단순한 식사)를 조심스럽게 밟아가면서, 오랜 여정 동안 단순함과 신실함을 반드시 유지하려고 노력했고, 실제로 그 모습을 유지했다. 다니엘이 했던 다른 일들 가운데 우리가 아직 언급하지 않은 것이 있다. 그것은 그가 배우는 일에 열정을 쏟았다는 사실이다. 다니엘은 환상의 뜻을 알고자 노력했고(단 8:15), 환상을 이해하려고 노력하면서 길게 기도했다(9:20-23). 그러자 심지어는 천사도 깨달음을 향한 그의 열정을 인정했다. "네가 이해를 얻으려 하여 네 하나님 앞에서 스스로 겸비하기로 결심하던 첫날부터 …"(10:12). 그는 일평생을 그의 마음과 영혼을 배우는 일에 바쳤다. 그는 바벨론의 학문과 언어를 삼 년 동안 배웠고(1:4-6), 아람어 읽는 법을 배웠으며(5:17, 24-25), 세심하게 꿈을 기록했고(7:1), 토라를 그의 기도와 통합했다(9:11-14). 다니엘은 대학에 가서 신학과 세속 학문 모두를 공부한 것과 다름없었다. 즉, 이스라엘의 토라와 더불어 정복자들의 학문과 언어도 공부했다. 그의 영이 그런 모습의 영, 즉 순전한 영이었던 것은, 그가 받은 교육에도 **불구하고** 그런 것이 아니라, 그가 받은 교육 **때문에** 그런 것이었다.

전날 밤 아내와 나는 열 명가량의 학생과 올해 졸업생들을 집에 초대했다. 시애틀의 멋진 여름밤이었고, 우리는 난로 주변에 앉아 자정이 될 때까지 이야기를 나누었다. 대화가 끝 무렵을 향해 갈 때, 우리는 두서없이 이야기를 하고 있었다. 그때 아내가 자기 생각을 말했다. "우리의 미래가 여러분이 계획한 대로만 된다면 정말 좋겠네요." 나도 같은 생각이었다. 우리에게 감동을 준 것은, 이 친구들이 이 세상을 변화시키려는 열정과 공부에 대한 열심을 겸비하고 있다는 사실이었다. 마틴 루터 킹은 이 둘을 냉정한 이성과 상냥한 마음이라 부른 바 있다. 그들은 올바른 분석 도구 없이는 세상을 변화시킬 수 없다는 사실을 알고 있으며, 그 도구를 습득하기 위해 대학에서 열심히 공부해 왔다. 그리고 그들은 그 도구를 실제로 활용하고 있었다. 에일리는 장애를 가진 아이들을 위한 캠프에서 일하고 있었다. 크리스는 고학년의 많은 시간을, 텐트를 집 삼아 살아가는 노숙인 집단인 텐트 시티(Tent City)를 위해 일하는 데 할애했다. 칼렙은 우리 대학을 동성애자 학생에게도 즐거운 장소가 되게끔 하는 단체를 이끌고 있었다. 루크는 제3세계에서 지속 사용 가능한 솔루션을 개발하는 국제 비영리단체에서 컴퓨터 관련 일을 하고 있었다. 이들이 바로 **다니엘 세대**다. 나는 이 멋진 친구들 속에 거하는 비범한 영-숨을 소중하게 생각한다.

3. 나는 제레미에게 또 다른 내용을 말해 줄 것이다. "무언가를 하려고 하지 마렴!" 이 말은 미국의 아버지들이 자기 아들에게 늘 하는 충고와는 다르다. "트럼펫 연습 좀 해!" "공을 끝까지 보라구!" "숙제 해야지!" "바닥에 늘어놓은 옷 좀 치워라!" 제레미가 내 입에서 쏟아져 나오리라고 기대했을 온갖 이야기들이다. 하지만 제레미의 아버지인 나 역시 성장하고 있다. 나는 여전히 엘리후와 다니엘이 각각 선택한 두 길에 대해 묵상하면서 많은 것을 배우고 있다.

엘리후는 성령(Spirit)의 엄청난 군대가 자신의 주위를 에워싸고 있다고 느꼈다. 펑! (소문자 s로 쓰는 '영'이 아닌) 대문자 S로 쓰는 성령 말이다! 이따금 찾아오는 성령, 당신을 쓰러뜨릴 정도로 상당한 힘을 가진 성령, 엄청난 성령 말이다. 이것은 동사 중심의 강력한 영성(Power Verb Spirituality)이다. 오늘날 같으면 성령으로 가득 채운 F-16 전투기(F-16 Fullness with the Spirit)나 항공 모함 규모의 영감(Aircraft Carrier Inspiration)이라 말할 수 있을 것이다. 그리고 엘리후는 핵 미사일 연설을 발사한다! 그렇게 그는 욥을 궤멸시켰다.

하지만 다니엘 안에 있는 영-숨은 하나도 이루어낸 게 없다. 그 영-숨은 동사로 표현되지 않는다. 어떤 강력한 행동도, 어떤 기적적인 행위도 매개하지 않는다. 그 영은 다니엘의 내부를 가득 채우지도 않으며, 그를 쓰러뜨리지도 않으며, 그를 통제 불능 상태로 만들지도 않는다. 그 영-숨은 그저 있을(is) 뿐이다. 물론 **'있다'**(is)라는 동사가 굉장히 많이 등장하지만 말이다. 어쨌든 오랜 여정 동안 변함없이 깊고 풍부하게 자리잡고 있던 다니엘 안의 영-숨이 바로 순전한 지혜의 원천이자 깨달음의 보고요 지식의 샘이었다.

엘리후와 다니엘은 극명하게 대조된다. 특별히 이 두 사람은 영-숨이 일평생 존재하며 지혜의 원천이라는 믿음에서는 의견이 같다. 다니엘과 엘리후는 많은 부분에서 같은 기반 위에 서 있다. 하지만 그들이 향하는 방향은 서로 정반대다. 그리고 그들은 명쾌한 선택안을 우리에게 제시한다. 이제 제레미도 나이가 더 들었으니, 어떤 길을 선택할지 물어도 될 듯하다. 포위 공격을 퍼붓고 자기 이익을 도모하는 화려한 모습을 한 엘리후 세대의 영일까? 아니면, 미묘하고 학구적이며 단순한 다니엘 세대의 영일까? 결정은 각자의 몫이며, 그 영향은 영원할 것이다.

4. 마지막으로 나는 우리 그리스도인이 덜 잔인하고 더 친절할 수 있도록 정신을 바짝 차리게 하는 방법에 대해 제레미와 이야기할 것이다. 말하자면, 그리스도인은 그리스도인이 아닌 사람에게 과연 우리가 영에 충만해 있는지 판단해 달라고 요청해 볼 필요가 있다. 짧게 이야기하면, 느부갓네살이 당신을 보고 고개를 끄덕이게 만들어보라.

기억하라. 엘리후가 자신은 영-숨으로 채워졌다고 주장했을 때, 그것은 순전히 자기 정당화였다. "**내 말을** 들어보란 말입니다"라고 그는 좌절감에 소리쳤다. 그는 결코 다른 사람에게 "당신은 내가 욥에게 한 말이 하나님의 영-숨의 인도를 받은 말이라고 생각합니까?"라고 묻지 않았다. 그는 자칭 현자, 자기중심적인 현자이며, 스스로 영의 감동을 받았다고 자처하는 사람일 뿐이다.

다니엘은 자신이 영의 감동을 받았다고 자처한 적이 한 번도 없다. 오히려 연속되는 이방의 통치자들(느부갓네살과 그의 아들, 바벨론의 여왕, 다리오, 메대의 통치자)이 그가 영의 감동을 받았음을 인정했다. 그들은 풍성하고 거룩한 하나님의 영이 다니엘 안에 있다고 인정했다. 그들은 모두 이스라엘 신앙 공동체의 외부에 있던 사람들인데, 존경심에서든 시기심에서든 다니엘 안에 있는 비범한 영이 그의 특출한 지혜와 지식의 원천이라고 인정했다. 다른 말로 하면, 다니엘 안에는 일고의 자기중심성도, 한치의 이기심도 존재하지 않았다. 그럴 필요가 없었던 것이, 외부에 있는 사람들도 반복해서 그 안에 있는 위대한 영을 알아보았기 때문이다.

나는 기독교 신앙 밖에 있는 사람들이 우리를 어떻게 볼지 궁금하다. 가혹한 판단과 완강한 의견과 냉담한 태도를 가진 엘리후와 같은 부류로 볼까, 아니면 지혜의 샘에서 나오는 물을 천천히 깊게 마시는 다니엘과 같은 부류로 볼까? 그리고 우리 중 대다수가 마시는 샘의 깊이는 얼마나 될까? 우리가 가진 지혜의 원천은 엘리후처럼 한순간 울리는 심벌즈 소리일까, 아니면 지속적으로 존재하는 순전한 영-숨일까?

하나님의 영-숨 안으로 깊숙이 들어가는 일에 진지한 그리스도인이 있다면, 교회 밖에 있는 사람들의 확인을 받아야 할 것이다. 그들이 우리를 보고 우리 안에 하나님의 영-숨, 비범한 영, 순전한 영이 있다고 판단한다면, 실제로도 그럴 것이다. 하지만 기독교 외부에 있는 사람들이 우리 안에 있는 영-숨이 풍성하고 비범하며 거룩하다고 확실하게 이야기해 주기 전까지는, 그리스도인들은 공통의 목표를 공유하고 이를 달성하기 위해 노력해야 한다. 즉, **단순한 삶을 살고 열심히 공부하여 더욱더 세심하게 하나님의 영-숨을 보살펴서, 이 영-숨이 지속적인 지혜의 원천이 되게끔 해야 한다.** 아마도 우리가 이 목표에 더 근접하게 되면, "그리스도인들은 왜 그렇게 위선적일까요?"라는 질문이 대학교 2학년 학생의 입에서 그렇게 쉽게 나오지는 않을 것이다. 또한 "정말 비열한 그리스도인도 있고, 정말 괜찮은 그리스도인도 있는데, 도대체 왜 그런 거예요, 아빠?"라는 질문이 열두 살짜리 소년의 입에서 그렇게 쉽게 나오지는 않을 것이다.

제3장
시므온의 노래

이 장을 읽기 전에 숙지해야 할 성경 본문

- 누가복음 2:21-40
- 이사야 42:1-4
- 이사야 49:1-4
- 이사야 50:4-6
- 이사야 52:13-53:12

지난 장의 마지막 배경은 페르시아 권력의 회랑이었다. 이 장의 시작은 유대 성전이다. 바쁘게 움직이는 제사장들과 왁자지껄하게 토라에 관해 토론하는 바리새인들이 보이는 성전 중심부가 아니라, 과부와 노인의 세계에 해당하는, 유대인의 삶에서 겉으로는 중요치 않아 보이는 주변부의 광경이다. 이 장면을 재촉한 것은 갈릴리 출신의 한 소작농 부모의 등장이었다. 그들은 너무 가난해서 아이 출산 후 정결 예식에 쓸 양을 살 돈도 없었고, 그래서 비둘기 두 마리만 들고 왔다(레 12:1-8). 제물은 간소했다. 하지만 이 일을 축하하기 위해 사람들이 모여들었다. 그들은 엘리트 제사장과 영

향력 있는 바리새인들이 아닌, 사회적으로 중요치 않은 나이 든 과
부와 노인들이었다.

시므온이라는 노인에 관한 통상적인 정보는 생략된다. 그의 아
들이 누구인지와 같은 가족 관계조차 언급되지 않는다. 하지만 그
에 관한 묘사는 범상치 않게 풍부한 언어를 담고 있다. "예루살렘
에 시므온이란 이름의 사람이 있었다. 이 사람은 의롭고 경건하여
이스라엘의 위로를 기다리고 있었고, 거룩한 영이 그 위에 머물렀
다. 그가 주의 메시아를 보기 전에는 죽지 않을 것이라는 내용이
거룩한 영에 의해서 그에게 계시됐다. 그 영의 인도를 받아 시므온
이 성전에 들어갔다"(눅 2:25-27). 이 노인은 당시 권력자들의 시야에
들어오지도 않는 존재였음에도 영의 감동을 받았다. 그런데 이 복
음서의 저자는 제정신이 아니었나 보다. 누가는 세 번이나, 그것도
속사포로, 이 조용한 장면에 그 영이 관여하고 있다고 말한다.

노안이었겠지만 흐릿하지 않았던 시므온의 눈을 통해서 우리
는 하나님이 바라보시는 대로의 세상의 모습을 잠깐이나마 본다.
하나님이 자신의 방식으로 세상을 볼 수 있도록 영감을 불어넣으
신 특이하고 독특한 사람들을 잠시나마 확인해보자.

연구와 영

시므온이 그 소작인의 아기를 보았을 때, 그는 아기를 팔로 안

고(이 장면은 초기 기독교 문헌에 나오는 가장 감동적인 세부 묘사 중 하나다) 하나님을 찬송한다.

> 주재시여, 이제는 당신의 말씀대로
> 당신의 종을 평안히 놓아주셨습니다.
> 내 눈이 당신의 구원을 보았습니다.
> 당신이 만민 앞에 준비하신 구원 말입니다.
> 또 이방에 계시가 될,
> 당신의 백성 이스라엘의 영광이 될 빛을 보았습니다. (눅 2:29-32)

친숙한 구절이다. 케임브리지대학교에 재학 중일 때, 나는 그리스도 대학의 채플에 참석할 때마다 이 구절을 들었다. "주재시여, 이제는 당신의 종을 평안히 놓아주셨습니다." 하지만 시므온의 노래가 거룩한 영에 관하여 가르쳐주는 힘을 파악한 것은 최근에 와서다. 시므온의 노래는 겉만 보면 계획 없이 즉흥적으로 만들어진 것처럼 보이지만, 속을 보면 구약의 꿈으로 그 안을 가득 채워 놓았다. 정확히 이야기하면 이사야 40-55장의 약속으로 말이다. 만약 그의 노래 전체를 퍼즐 그림으로, 구절 하나하나를 퍼즐 조각으로 본다면, 당신은 각 퍼즐 조각이 이사야 40-55장의 토막이라는 사실을 알게 될 것이다.

몇 가지만 이야기해 보면, "이스라엘의 위로[혹은 위안]"란 구절은 이 무명의 노인을 고대의 모든 소망 가운데서도 가장 영광스러운 언어로 표현된 소망과 연결한다. 이 언어는 헨델의 '메시아'에서 기념되기도 했는데, 이사야 40-55장의 소망을 열어젖히는 구절이다.

> 너희 하나님이 이르시되,
>
> 너희는 위로하라, 내 백성을 위로하라.
>
> 너희는 예루살렘에게 다정하게 말하고.
>
> 그녀에게 외치라.
>
> 복역의 때가 끝났고.
>
> 처벌을 모두 받았으며,
>
> 지은 모든 죄의 갑절에 해당하는 벌을
>
> 여호와의 손에서 받았다. (사 40:1-2)

시므온은 이 아이의 탄생을 이사야가 선언했던 해방의 시작으로 이해했다. 시므온이 자기 눈앞에 있다고 이해한 "당신[하나님]이 만민 앞에 준비하신 구원"의 뿌리는 이사야 52:10이다. 그 본문은 다음과 같은 상황을 꿈꾼다.

> 여호와께서 모든 열방의 눈앞에
>
> 그분의 거룩한 팔을 나타내셨다.
>
> 땅의 모든 끝들이
>
> 우리 하나님의 구원을 볼 것이다.

이 구원이 "이방에 계시가 될 빛"일 것이라는 시므온의 믿음에서 우리는 이사야 42:6, "내가 너를 세워 … 이방의 빛이 되게 하리니"와 이사야 49:6, "내가 너를 이방의 빛으로 삼아, 나의 구원을 베풀어서 땅끝까지 이르게 하리라"를 본다. 이 구원이 또한 "당신의 백성 이스라엘의 영광"이기도 하다는 시므온의 믿음에는 이사야 46:13이 반영되어 있다.

> 내가 나의 구출을 가깝게 할 것인즉, 멀지 아니하니,
> 나의 구원이 지체하지 않을 것이다.
> 내가 나의 영광인 이스라엘을 위하여
> 구원을 시온에 베풀 것이다.

시므온의 노래가 원래 이사야 40-55장에 들어 있던 단어들과 개념들의 콜라주(collage)라는 사실을 깨닫게 되면, 우리는 그 거룩한 영에 관한 중요한 사실을 배울 수 있다. 시므온은 영이 그 안에 거했기 때문에 영의 인도와 계시를 받았다. 그는 영의 감동을 받았다는 점에서 정말 인상적인 인물이다. 우리는 그에 대해 아는 바가 거의 없지만, 확실한 사실은 **그가 이사야서를 열심히 연구한 사람이었다**는 것이다. 시므온이 성경 연구에 바친 헌신은 거룩한 영의 인도를 받는 길잡이가 됐다. 그의 경험을 보고 있노라면, 우리의 이성이 옆으로 물러나고 우리의 정신 능력이 멈추어 설 때 그 거

룩한 영이 가장 강력하게 역사한다는 통상적인 믿음에 의구심이
생긴다.

시므온이 보여주는 본보기는 그와 다르다. 이 노인은 준비되어
있었다. 이는 엘리후처럼 거룩한 영의 현존이 그를 동요시키는 느
낌을 경험했기 때문이 아니라, 유대교의 지식 체계에 헌신(규칙적인
경건 생활에 전념하는 사람에 대한 표현[code word])했기 때문이다. 마찬가
지로 그가 이 소작인의 아들을 팔로 들어 안을 준비가 되어 있었
던 것도, 그의 전 존재가 이사야 40-55장에 나오는 예언자의 비전
으로 충만했기 때문이다. 다시 말해, 시므온은 항상 신경을 곤두세
우고 있었고, 늘 경건한 삶을 살았으며, 가슴을 저미도록 이사야
40-55장의 예언을 연구해왔기 때문에 영의 감동을 받을 수 있었
던 것이다. 그 예언들이 이제 갈릴리 아기 안에서 형체를 갖추어
가는 것이 시므온에 의해 드러난 것처럼 이 아기는 이방의 빛이
될 것이며 세상 만민에게 구원을 가져다줄 것이다.

그 거룩한 영의 인도를 받았던 실제 본보기를 원하는가? 그렇
다면 똑바로 여기를 응시하라. 거룩한 영의 체험은 우리가 연구한
모든 것이 하나로 합쳐지게 될 그 중요한 순간을 향하는 우리의
정기적 헌신에서 비롯된다. 그리고 (아마도 딱 한 번 그 순간) 우리는
오랫동안 기다려 왔지만 예상치 못했던 하나님의 구원을 인식할
것이다. 그 구원은 한 소작인 부모가 비둘기 두 마리와 함께 성전
으로 데리고 온 나사렛 아기만큼이나 놀라운 순간일 것이다. 나라
면, 그토록 영의 감동을 받은 확실한 한순간을 위해, 엘리후를 에

위쌌던 것과 같은 영의 군대를 총동원해 맹공격을 퍼부었을 것이
다.

정기 점검

　시므온의 노래가 계획 없이 즉흥적으로 만들어진 것처럼 들릴
수도 있다. 하지만 앞서 내가 간단히 언급했듯이, 이 노래는 이사
야 40-55장, 즉 아마도 이스라엘이 기진맥진한 채 절망에 빠져 있
던 바벨론 포로기에 기록됐을 열여섯 장에 이르는 예언의 시들이
그리던 꿈을 반영하고 있다. 바벨론 제국이 그들을 침략해서 성전
을 아수라장으로 만들어버렸고, 왕과 이스라엘의 권력자들은 포
로가 되어 굴욕적인 모습으로 끌려 갔다. 이 민족적 비극의 암흑기
를 향해서, 한 무명의 예언자가 하나님의 백성에게 그들은 지금 해
방의 출발점에 서 있다는 약속을 한다. 아무도 그의 말을 믿었을
리가 없다. 아니 아무도 그의 말을 믿고 싶지 않았을 것이다. 왜냐
하면, 이 예언자는 다윗의 왕위에 앉은 이스라엘의 왕이 아닌, 이
방 통치자인 페르시아의 황제, 고레스에게 희망을 걸었기 때문이
다.

　이 눈부신 시에는 (적어도 주전 539년에 실현되기 전까지는) 예상치 못
했던 내용, 무시된 행들이 있는데, 그 중심에 그 예언자가 종이라
고 지칭한 한 인물이 있다. 500년 정도 지난 후에, 그리스도인들은

이 종을 예수와 동일시하게 됐지만, 주전 587년에서 539년까지 바벨론 포로기에 그 종이 누구를 가리켰을지는 아직 확실치 않았다. 그 종이 누구였든지 이사야는 그를 강력한 영 체험을 비롯하여 생생한 모습으로 묘사한다. 그 예언자는 그 종과 하나님의 관계를 애정을 듬뿍 담아 기쁜 마음으로 묘사한다.

> 여기 내가 붙드는 나의 종,
>
> 내 영혼이 기뻐하는 내가 택한 자가 있다.
>
> 내가 나의 영을 그 위에 두었다. (사 42:1)

하나님께서 그 영을 부여하는 행위를 묘사하기 위해 사용한 동사를 보라. 하나님은 그 영을 그 종 **위에** 두거나(puts) **놓으셨다**(places). 시므온의 경우도 비슷하다. 그 거룩한 영이 그 위에 머물렀다(눅 2:25). 예수도 마찬가지다. 그 영이 그 위에 계셨다(눅 4:18).

잠시 그 영이 그 종 위에 임한 것에 대해 생각해보자. 이 하나님의 행위에는 속속들이 애정이 담겨 있다. 즉, 하나님께서 자신의 영을 그 위에 두는 사람은 또한 하나님께서 지원하고 선택하고 기뻐하시는 사람이다. 무조건적인 지원! 자격 없는 사람을 선택! 그리고 한량 없는 기쁨! 하나님은 오직 이처럼 깊은 관계의 맥락에서만 그 종 위에 그 영을 두신다.

이 내용을 기록하면서 내 결혼 관계에 대해 곰곰이 생각해볼 수밖에 없었다. 29년 동안 아내와 나는 결혼 서약의 내용처럼 "기도와 섬김으로 서로의 편이" 되어 왔다. 29년 동안 내가 평생 사랑하기로 선택한 사람은 오직 그녀 하나였다. 29년 동안 그녀는 나의 기쁨이었다. 그리고 이 사실 때문에, 그녀는 나의 영을 공유했고 그녀는 나의 생명의 숨이 됐다.

나는 하나님과 그 종의 관계를 인간의 결혼 관계에 대한 설명으로 격하할 의도는 없다. 하지만 이 두 관계의 유사점들에서 우리는 그 거룩한 영의 본질에 관한 내용을 배울 수 있다. 즉, 만약 우리가 영의 감동을 받고 싶다면, 만약 하나님의 영이 우리 위에 임하기를 간절히 원한다면, 우리는 우리가 하나님과 맺는 관계, 그리고 하나님이 우리와 맺는 관계를 유지함으로써 긴 여정을 위한 자세를 갖출 필요가 있다.

그리고 그 관계를 유지하기 위해서는 (가장 기본으로 되돌아가자면) **정기 점검**이 필요하다. 우리가 차를 오랫동안 사용하고 싶다면 해야 할 일 말이다. 정기적으로 엔진오일을 교환하고, 각종 액과 브레이크를 점검하고, 와이퍼를 확인하는 일 말이다. 다행히 뒤에 이어지는 본문에서 그 종은 영의 감동으로 받은 비전, 즉 이 세상을 향한 하나님의 비전으로 자신을 이끌어줄 정기 점검과 같은 내용을 기술한다.

> 주 하나님께서 나에게
> 학생의 혀를 주셔서,
> 나로 지친 사람들을 말로

어떻게 격려할지 알게 하셨다.

하나님께서 아침마다 깨우시되

나의 귀를 깨우셔서

배우는 사람들처럼 귀를 기울이게 하셨다.

주 하나님께서 나의 귀를 여셨으니,

나는 거역하지도 않았고,

등을 돌리지도 않았다. (사 50:4-5)

그 종은 이 자서전적인 짧은 문장에서 영의 감동을 받는 기제 (mechanics)를 엿볼 창을 제공한다. 우리는 우리 위에 임한 하나님의 영과 함께 정확히 어떻게 살아야 하는가? 그 종은 우리에게 3단계로 이루어진 압축된 정기 점검 모델을 제시한다.

1. 하나님은 매일 아침 그 종을 깨우신다. 한 주에 한 번이 아니고, 일 년에 두 번 정도의 특별한 절기 때만이 아니다. 주변에 다른 사람이 있을 때만이 아니다. 단순히 예배를 드리는 상황만이 아니다. **매일** 이다. 당신이 당신 위에 임한 그 영과 어떻게 살지에 관하여 진지하다면(당신이 지금까지 내 글을 계속 읽고 있다면 당신은 분명히 이 문제에 진지한 사람일 것이다), 당신은 **매일 아침** 그 말씀에 관심을 가질 것이다. 매일 하루를 시작하는 순간 그 종은 귀를 기울인다. 사실 "하나님께서 깨우시되, 나의 귀를 깨우신다"는 표현의 의미는 말 그대로다. 하나님께서 그 종을 깨우셔서 잠에서 일어나게 하신다. 그가 몸소

우리를 **정기적으로 깨우신다.**

2. 그 종은 제자(disciple: 개역개정의 '학자'—역주)의 귀, 열정적인 학생의 귀를 가지고 하나님의 가르침을 받기 위해 귀를 기울인다. 히브리어 명사 '림무드'(limmud) 혹은 '제자'는 히브리어 동사 '라마드'(lamad)와 관계가 있는데, 그 동사의 의미는 '가르치고 훈련시키다'이다. 신명기는 부모들에게 "그것[계명들]을 너희 자녀에게 가르치며, 집에 앉아 있을 때든지, 길을 갈 때든지, 누워 있을 때든지, 일어날 때든지 이 말씀을 **가르치라**"고 말한다(11:19과 4:1, 5을 보라). 하나님은 마치 부모가 자녀를 가르치듯이 그 종을 **가르치신다.** 또 다른 내용이 하나 있다. 그 종이 일어났을 때, 그는 허튼소리를 지껄이지 않는다. 재잘거리지 않는다. 대신 귀를 기울이고, **정기적인 듣기**에 전념한다.

3. 모든 훈련 프로그램에는 목표가 있듯이, 그 종에게도 목표가 있다. 그것은 피곤한 사람들을 말로 격려하는 것이다. 그가 통찰을 얻기 위해 귀를 기울이는 목적은, 영의 감동을 받은 설교를 해서 다른 사람들의 넋을 빼놓기 위함이 아니다. 그가 귀를 기울이는 목적은, 영적인 통찰로 다른 사람들에게 깊은 인상을 주기 위함이 아니다. 그가 귀를 기울이는 목적은, 다른 사람의 죄를 불같이 고발하기 위함이 아니다. 오히려 그는 피곤한 사람들을 말로 격려하는 방법을 배우려고 귀를 기울였다. 그 종은 자신이 청중들의 머리를 쥐어박

을 입장이 아님을 알고 있다. 그의 청중들은 바벨론에서 오랜 포로 생활에 지치고 소진된 상태였다. 기진맥진한 상태에서 그들이 다시 한번 숙지해야 할 내용이 있었다. "영원하신 하나님, 땅끝까지 창조하신 이는 **피곤하지도** 지치지도 않으신다. 그의 명철은 한이 없고, 그는 **피곤한** 사람들에게 힘을 주시며, 힘없는 자에게 힘을 북돋우신다. 젊은이도 **피곤하고** 지칠 것이며, 장정이라도 기진해 쓰러지겠지만, 주님을 기다리는 사람들은 새 힘을 얻을 것이며, 독수리가 날개를 치듯 솟아오를 것이며, 달려도 지치지 않을 것이며, 걸어도 **피곤하지** 않을 것이다"(사 40:28-31). 그 종의 백성은 몹시 피곤한 상태였다. 그래서 그 종은 이 백성을 **정기적으로 격려하는** 사람이 되기 위해서, **정기적으로 깨고, 정기적으로 귀를 기울인다.**

이러한 영 경험을 제대로 평가하기 위해, 이 경험을 우리가 이미 1장과 2장에서 만난 젊은 자칭 현자인 엘리후의 영 체험과 비교해 보자. 첫째, 엘리후는 자기 안에 있는 영이 자신의 통제력을 에워싸고 공격한다고 주장한다. 엘리후가 입을 열기 전에, 매일 아침마다 깨서 매일 배움의 시간을 가졌다고 암시하는 단서는 한 줄도 없다. 둘째, 엘리후가 욥의 고난을 주제로 한 노인들의 사적 세미나에 끼어든 것은, 다름 아니라 그가 노인들의 말에 오랜 시간 귀를 기울여야 하는 상황을 참지 못해서였다. 엘리후의 인내심 없는 충동이 귀를 기울이고 배우는 소모적인 작업에서 비롯됐다는 증거는 하나도 없다. 셋째, 엘리후가 낙담한 욥에게 건넨 것은, 오로지 잘난 체하는 진부한 말들과 이기적인 자기 확신들, 냉담한 비판 뿐이었고, 그 속에는 일말의 세심함도 없었다. 엘리후의 통찰이 그 종의 통찰과 비교할 때 초라하기 짝이 없는 이유는, 엘리후는 피곤한 욥에게 한 마디 격려의 말도 해 주지 못했기 때문이다.

따라서 만약 당신이 영으로 충만한 삶의 본보기로서 엘리후와는 다른 인물을 원한다면, 그리고 매일의 삶에 모범이 될 인물을 원한다면, 멀리서 찾을 필요 없이 2500년 전 바벨론 포로기라는 어려운 시기를 감내하며 사람들을 가르쳤던 그 종을 보면 된다.

- 첫째, 매일 아침 하나님을 만나라. **정기적으로 깨는 일**에 열심을 내라.
- 둘째, 말하지 말고, 귀를 기울이라. **정기적으로 듣는 일**을 실천하라.
- 셋째, 피곤한 사람들을 말로 격려하는 데 목표를 두고 훈련하라. **정기적으로 격려하는 일**에 힘을 쏟아라.

종합하면, 이 단계들은 우리 모두에게 **정기 점검**을 위한 현실적인 시간표를 제시한다.

광대한 비전

이사야 40-55장의 예언이 있고 500년 정도 지난 후, 시므온이

한 소작인의 남자 아기를 팔에 안았을 때, 그가 매일 기다려온 하나님의 구원이 곧 동터 올 것이라는 사실을 깨달았다. 그는 이제 평안히 죽을 수 있다.

> 주재시여, 이제는 당신의 말씀대로
>
> 당신의 종을 평안히 놓아주셨습니다.
>
> 내 눈이 당신의 구원을 보았습니다.
>
> 당신이 만민 앞에 준비하신 구원 말입니다.
>
> 또 이방에 계시가 될,
>
> 당신의 백성 이스라엘의 영광이 될 빛을 보았습니다. (눅 2:29-32)

반복되는 표현인 '이방의 빛'은 그 종의 노래 후반부에 등장하는데, 그 노래는 이미 우리가 살펴보았던 내용으로 시작된다.

> 여기 내가 붙드는 나의 종,
>
> 내 영혼이 기뻐하는 내가 택한 자가 있다.
>
> 내가 나의 영을 그 위에 두었고,
>
> 그가 이방에 정의를 가져다줄 것이다.
>
> 그는 소리를 치거나 목소리를 높이지 않으며,
>
> 거리에 목소리가 들리게 하지 않을 것이다.
>
> 그는 상한 갈대를 꺾지 않으며,
>
> 꺼져가는 심지를 끄지 않을 것이다.

그는 신실하게 정의를 가져올 것이다.

그가 세상에 정의를 수립하기 전에는

지치거나 낙담치 않을 것이다.

바닷가의 주민들이 그의 가르침[토라]을 기다린다. (사 42:1-4)

이 비전은 원대해서, 500년 후에 시므온이 갈릴리 소작인에게서 난 한 아이가 모든 이방 나라를 위한 보편적 구원자가 될 것이라는 사실을 어떻게 파악할 수 있었는지를 설명해 준다. "이방의 빛"(사 42:6)으로서 이 종에게는 하나님의 뜻에 자신을 완벽하게 일치시켜야 할 소명이 있다. 그 소명은 나중에 다음과 같이 표현된다.

내 백성이여, 내게 귀를 기울이라.

내 나라여, 내 말에 유념하라.

가르침[토라]이 나에게서 나갈 것이며,

내 정의가 만민의 빛이 될 것이기 때문이다.

내가 내 구출을 신속히 가져올 것이다.

내 구원이 나갔고,

내 팔이 만민을 통치할 것이다.

바닷가의 주민들이 나를 기다리며,

내 팔에 소망을 둔다. (사 51:4-5)

이 비전의 요점은 분명하다. 즉, 가르침(토라)이 이 땅의 사방으로 퍼져 나가며, 정의가 이스라엘의 경계를 넘어 모든 인류에게 확장될 것이다.

이 광대한 비전은 이사야 40-55장의 시 전체에 스며들어 있다. 이스라엘은 유배지의 바싹 마른 모래 위에서 빈약한 실존을 간신히 꾸려가고 있지만, 이 시를 작성한 예언자는 하나님의 입에서 이스라엘의 귀로 전달되는 그 영의 약속을 거리낌 없이 큰 소리로 이야기한다.

> 나는 목마른 땅에 물을 주며,
> 마른 땅에 시내가 흐르게 할 것이다.
> 나는 내 영을 네 자손에게,
> 나의 복을 네 후손에게 부을 것이다.
> 그들이 푸른 능수버들처럼,
> 흘러가는 시냇가의 버드나무처럼 솟아날 것이다.
> 한 사람은 '나는 주님의 것이다'라고 말하고,
> 또 한 사람은 야곱의 이름으로 불리며,
> 또 다른 사람은 자기 손에 '주님의 것'이라고 쓰고,
> 이스라엘의 이름을 받아들일 것이다. (사 44:3-5)

이 불가능해 보이는 약속 안에서, 그 민족이 다시 생기를 되찾는 모습을 본다. 그런데 이번에는 그들이 열매를 맺고 번성하는 과

정을 통해서가 아니라, 그 포위된 민족에게 다른 사람, 즉 **외국인들**을 모아서 끌어들이는 과정을 통해서다. 이사야 44:5에서 이스라엘의 이름을 받아들이는 것과 더불어 등장하는 "나는 주님의 것이다"라는 주장은, 이스라엘의 믿음으로 개종한 사람들, 즉 이스라엘을 자신의 새로운 영토로 받아들인, 새롭게 시민권을 획득한 사람들의 입에서 나오는 말이다. 그렇다면 이 약속 안의 소망은 육체를 따른 후손들에 달려 있지 않다. 그 소망은 아직 믿지 않은 사람들 가운데서 역사하는 영의 활동에 달려 있다. 바로 몇 줄 위인 44:3에 나오는 그 길들지 않은 영의 폭풍, 그 영이 쏟아부어지는 일은 이스라엘의 경계 안에 국한되지 않을 것이다. 그 영은 아직 이스라엘의 하나님에 대한 신앙을 고백하지 않은 열방으로 흘러넘칠 것이다.

이 약속은 당시 이스라엘의 상황을 완전히 역전시키는 내용이다. 비록 이 조그만 민족이 지금은 거의 소멸됐고 이전에 겪었던 이집트 종살이와 다를 바 없는 포로살이를 할 정도로 위축되어 있지만, 이 민족의 미래가 그 영의 능력에 달려 있다. 새롭게 하고 활력을 불어넣는 그 영의 능력이 발휘되면, 다른 민족 가운데서도 믿는 사람이 등장할 것이다. 그들이 기꺼이 이스라엘 하나님의 종이 되어, 그들의 손에 "주님의 것"이라고 새기며, 이스라엘의 이름을 받아들일 것이다.

하나님의 영이 제자의 자세로 듣는 이들에게 임하면, 그 영은 그들을 예측 불가능한 방향으로 인도한다. 이 사실을 확인하기는 어렵지 않다. 그 종과 시므온은 둘 다 하나님이 오직 한 민족만을 구원하시는 시대는 끝났다는 사실을 보고 있다. 하나님은 **모든** 민족의 구원을 위해 힘을 쏟아부으신다. 그 종 또는 시므온 또는 예수처럼 영의 감동을 받은 선지자들이 이런 비전에 사로잡히면 무슨 일이 벌어지는가? 기존의 질서가 무너져내린다. 애국심에 의문이 제기된다. 민족주의가 삐걱거리기 시작한다. 소중히 지켜왔던 경계선이 붕괴되기 시작한다.

이처럼 경계가 사라진 세상에 대한 놀라운 약속을 담고 있는 일관되고 광대한 비전은 점진적으로 실현되는 경향이 있다. 그렇기 때문에 그 종이 자신의 경험을 묘사할 때, 이 곤고한 세상을 향해 격려의 말을 전하려는 분명한 목표를 두고 매일 아침 귀를 기울이는 모습으로 표현했다는 사실은 아주 자연스럽게 다가온다. 가난과 궁핍은 민족의 경계를 초월한다. 하나님의 구원 역시 마찬가지여야 한다.

적대 반응

시므온의 노래에는 500년 전에 불렸던 그 종의 노래와 공명하는 기쁨의 단어들이 양념처럼 들어 있다. 평안, 구원, 빛, 영광 말이다. 이 단어들은 새로운 세계의 질서 또는 무질서를 약속한다. 하나님께서 모든 사람을 탈바꿈시킬 세상, 하나님께서 파괴적인 경계들을 없애버리실 세상, 예수가 통치하실 세상, 정의가 온 땅에 흘러넘칠 세상 말이다. 하지만 이것으로 끝이 아니다. 마리아와 요셉은 시므온이 그들의 아기를 두고 한 말을 듣고 깜짝 놀랐다. 그러는 동안 시므온은 두 번째로, 이번에는 더 간단하게, 더 잊히지 않을 이야기를, 오직 마리아에게만 한다. "이 아이는 이스라엘 중 많은 사람을 넘어뜨리거나 일어나게 하며 반대를 받는 표적이 될 운명이어서 여러 사람의 속 생각을 드러낼 것입니다. 칼이 당신의 영혼도 찌를 것입니다"(눅 2:34-35). 시므온은 예수로 인해 적대감이 초래될 것임을 인식했다. 많은 사람이 동시에 일어나기도 하고 넘어지기도 한다. 예수가 분열의 촉매가 될 것이다. 사람들 사이의 골이 더 깊어질 것이다. 이 모든 현상은 그가 반대를 피할 수 없다는 신호다. 시므온은 이 수수께끼 같은 예측을 그 어떤 설명도 없이, 남들도 다 들으라는 듯이 마리아에게 속삭였다. 왜 시므온은 어조를 바꾸어 자신의 메시지를 이렇게 극적으로 전달했을까? 그 답변을 확인하기 위해서 이 복음서의 뒷부분을 미리 들춰볼 수는 없다. 하지만 이 복음서의 앞부분을 다시 한번 들여다볼 수는 있겠다. 시므온이 그 아기를 찬양하다가 방향을 틀어 그의 어머니에게 경고를 던진 이유는, 이사야서에서 미리 말한 바 그 종의 인격, 그 종의 운명에서 찾을 수 있다.

이사야 40-55장에 나오는 그 종의 소명은 정의를 향한 웅장한 비전을 담고 있다. 가르침이 해변을 따라 이스라엘이 아닌 나라들로 나아가고, 빛이 멀리 있는 열방을 비춘다. 이 비전과 얽혀 있는 것은, 미묘하지만 분명하게 고통과 고뇌가 동반될 것이라는 사실이다. 이 사실은 "그는 피곤하거나 지치지 않고"라는 행에 충분히 나타나 있다. 그가 결승선을 통과하는 것은 의기양양한 승리자로서가 아니라, 거의 진이 빠진 교사로서다. 그 종과 함께하는 것은 실패와 피로와 탈진이다.

왜냐하면 "그는 외치거나 목소리를 높이지 않고"라는 행에서 동사 "외치다"는 단순히 고함을 치고 소리를 내지른다는 의미가 아니다. 적어도 내가 대학원생 시절에 노스캐롤라이나에서 듣곤 했던 울부짖음을 가리키지는 않는다. 당시 나는 1년 동안 작은 재림침례교회(Advent Baptist Church)에서 주일 밤마다 설교를 한 적이 있다. 내가 맡은 시간보다 6시간 전 예배의 설교자는 방방 뛰고 강단을 활보하면서 목소리를 높이고 소리를 지르곤 했다. 이사야서에서 하나님은 그 종에게 "너는 그런 식으로 목소리를 높이고 소리를 질러서는 안 된다"라고 말씀하신 것이 아니다. 여기서 "외치다"는 고뇌의 외침을 가리킨다. 이를테면, "너희는 마음의 고통 때문에 외치며, 심령의 고뇌로 인해 통곡할 것이다"라는 예언과 같은 의미다(사 65:14, 또한 19:20, 33:7을 보라). 그 종은 고뇌를 겉으로 표현하지 않으며, '거리에서' 외치지 않을 것이다. 이 고뇌는 사적인 고통이며 개인적인 가슴앓이일 것이다. 그 종은 살아남아 영의 인도를 받겠지만 거의 죽은 거나 다름없을 것이다. 그러나 "결국 세상에 정의를 세울 것이며, 해안의 거주민들이 그 교훈을 앙망할 것이다"(사 42:4).

그렇다면 매일 아침 정기 점검을 통해서 우리에게 동터오는 광대한 비전에 덧붙여, 우리가 추가할 수 있는 영에 관한 훨씬 더 많은 통찰이 여기 있다. 이 통찰은 우리 정신을 번쩍 들게 한다. 영의 감동을 받은 광대한 비전, 즉 하나님께서 지원하시는 종, 하나님께서 선택하신 종, 하나님께서 기뻐하시는 종을 통해서 온 이 비전은 깊은 개인적 고통의 원인이 될지도 모른다는 사실이다. 유명한 구약학자인 게르하르트 폰 라트(Gerhard von Rad)는 그가 집필한 탁월한 책에서 그 예언자를 간단한 표현 하나, 즉 '외로운 사람'으로 묘사했는데, 정말 정곡을 찌르는 표현이다. 그리고 그는 유대인 대학살과 2차 세계대전이 일어난 1934-1945년에 아돌프 히틀러(Adolf Hitler)와 국가사회주의 지지자들의 요새였던 예나대학교(University of Jena)의 교수로 재직했기 때문에, 그 표현의 의미를 누구보다 잘 알았을 것이다. 폰 라트는 계속해서 나치 정권을 격렬하게 반대했기 때문에 동료들에게서 완전히 고립되어 학문적인 감옥에서 살았다. 이스라엘의 예언자들처럼 폰 라트도, 우리가 수도 없이 들었던 그 패턴을 삶으로 구현했다. 즉, **정기 점검을 통해서 광대한 비전에 이끌렸는데, 그 비전은 때가 되면 개인적인 깊은 고통을 초래할지도 모를 내용이었다.**

하지만 그 종의 모든 체험이 사적인 영역에 국한된 것은 아니다. 고뇌, 탈진, 자기 의심보다 더 끔찍한 대가를 치러야 할 때가 올 것이다. 그 종은 격렬한 반대를 촉발시켰던 것이 분명하기 때문이다.

주 하나님께서 나의 귀를 여셨으니

나는 거역하지도 않고

뒤로 물러서지도 않았다.

내가 나를 때리는 자들에게 내 등을 맡기며,

내 수염을 뽑는 자들에게 내 뺨을 맡겼다.

나는 모욕과 침 뱉음을 당해도

내 얼굴을 가리지 않았다. (사 50:5-6)

하지만 그런 독설로 맹공격을 당해도 그 종의 다리가 풀리는 일은 없다. 그는 자기 앞에 놓인 과업에 부싯돌 같은 단호한 얼굴을 하고서 모욕을 견딘다(사 50:6-7).

하지만 그 종의 적들은 등을 치고 수염을 뽑는 정도에 만족하지 않는다. 또한 그는 모욕과 거부를 당한 슬픔의 사람일 것이며, 고통에 익숙해질 것이다. 다른 사람이 그를 만나면 얼굴을 가리고 피할 것이다. 그는 멸시를 받고, 하찮게 여김을 당하고, 징벌을 받아 맞고, 고난을 당하고, 상처가 나고, 징계를 받고, 채찍에 맞고, 곤욕을 당하고, 괴로워하고, 도살장 앞의 양처럼 잠잠하고, 하나님 백성의 허물 때문에 살아있는 자들의 땅에서 끊어지고, 악인들과 함께 장사되고, 상하고, 질고를 당하고, 사망에 이르게 되고, 범죄자 중 하나로 헤아림을 받을 것이다. 그리고 이 모든 사실에도 불구하고 그는 폭력을 행사하지 않으며, 단 한 마디도 거짓말이나 솔직하지 못한 말을 하지 않을 것이다(사 52:13-53:12).

하지만 거룩한 영에 관한 인기 있는 책들을 읽어보면, 이와는 매우 다른 메시지를 내세운다. 즉, 영은 엄청난 개인적 성취의 원천이라고 이야기한다. 이러한 책들 가운데 하나는, 거룩한 영의 목적이 우리에게 그 영이 없다면 어렵거나 불가능했을 일을 **쉽게** 해낼 수 있는 능력을 주는 데 있다고 말한다. 이건 정말로 특별한 약속이다. 불가능이 가능이 되고, 어려운 일이 쉬운 일이 된다. 이것은 스테로이드를 맞고 이루어내는 개인적인 성취이다.

이제 하나님의 영이 임한 이사야의 종을 생각해보자. 그 종은 겉으로 드러나지 않은 고뇌로 인한 자기 의심과 동요에 사로잡힌다. "내가 헛되이 수고했고, 무익하게 허무하게 내 힘을 소비했다"(사 49:4). 거룩한 영도 그의 자기 의심을 떨쳐 내주지 못했다. 그 영은 그가 더 **쉬운** 삶을 살게 해 주지도 않았다. 사실 그의 비전이 확대될수록, 그가 열방들을 향한 하나님의 계획을 더 많이 깨달을수록, 그의 메시지를 향한 반대도 커졌는데, 그 반대는 열방들이 아닌 그 종이 소속된 민족에게서 온 것이었다. 때리고 침 뱉고 모욕하고, 이어서 치욕스러운 죽음이 뒤따른다. 영의 감동을 받은 그 종의 여정에 쉬운 일이라곤 하나도 없었다.

경계 없는 영

그렇게 강력한 반대와 자기 의심에도 불구하고, 상상하기도 힘든 굴욕과 엄청난 육체적 고통에도 불구하고, 영의 감동을 받은 그 종이 집어 들었던 유일한 무기는 입에서 나온 말씀, 제자의 혀, 해변까지 미치는 가르침이었다. 그는 자기반성을 하며, 하나님께서 "내 입을 날카로운 칼같이 만드시고 … 나를 갈고 닦은 화살로 만드셨다"(사 49:2)고 주장한다. 영의 감동을 받고 사랑을 받은 그 종은 무기와 전쟁 도발이 아닌 가르침을 들고서 해변으로 나아가자고 제안한다. 이사야의 이름으로 기록된 책 속에 영이 언급될 때, 그 영과 연관된 가장 강력한 실제는 언제나 입에서 나온 말씀이다. 만약 장차 열방이 정복을 당한다면, 그들이 무릎 꿇을 대상은 다름 아니라 그들이 간절히 기다려온 가르침일 것이다. 그들이 스스로 자신의 손에 하나님의 이름을 새기며 자진해서 따르겠다고 나설 그런 가르침일 것이다. 열방이 하나님의 비전과 맞닥뜨리면, 그들은 억지로 떠밀리는 게 아니라 설득을 당하고, 격파를 당하는 게 아니라 가르침을 받을 것이다.

그렇다면 이 종의 비폭력적인, 광대한 메시지가 왜 이스라엘 백성 중 일부에게는 큰 골칫거리로 다가왔을까? 지금쯤은 그 이유가 분명해졌을 것이다. 그 종이 이스라엘 민족의 애국심에서 점점 더 멀어지고 있었기 때문이다. 그 종은 그 영이 자기가 주의 이름에 속했다고 주장하는 이방인 회심자들 위에도 부어질 것이라고 말한다. 이 내용은 굉장히 광대한 비전이며, 특별히 이 장들이 기록된 시기가 (종종 그렇게 여겨지듯이) 주전 500년 중반의 바벨론 포로기 말엽이라면 더더욱 그렇게 다가온다. 여기 죗값을 치르고 복역

기간을 다 채운, 벌을 배나 받은 공동체가 있다(사 40:2). 여기 폐허가 된 민족, 젊은이들도 나가 떨어진 민족이 있다(40:27-31). 여기 자기 내부로 침잠할 수밖에 없는 고통에서, 강대한 정치 세력들에 의해 초래된 만연한 고통에서 자신을 보호해야 하는 민족이 있다. 그런데 이 공동체로부터 하나님의 영이 거하는 한 종이, 열방을 향해 비춰는 한 빛이 등장할 것이며, 해변의 거주민들은 그의 기다림을 듣고 싶어 안달하며 도저히 기다리지 못할 것이다.

그 종과 그의 이스라엘 형제자매 사이에 일어난 갈등에서 핵심은, 이 메시지가 지나치게 관대하다는 데 있었다. 우리를 압제하는 적들에게 좋은 소식이, 우리 민족에게는 나쁜 소식일 수 있다. 특별히 그 소식을 제로섬(zero-sum), 즉 그들의 이득은 우리의 손해라는 관점에서 본다면 말이다. 그리고 그 종의 청중들은 그동안 심한 고생을 해 왔으니, 그들 가운데 일부는 그의 메시지를 이런 식으로 들었을 것이다. 경건한 이스라엘 애국자들의 입장에서 생각해보라. 바벨론을 포함하여 어둠의 길을 걸어온 이 강력한 열방들을 위한 좋은 소식이라고? 그런 소식은 그 종이 마땅히 들고올 것으로 믿었던 위로의 메시지에 포함될 내용으로는 받아들여질 수 없었다. 이들은 예루살렘의 멸망으로 위축되고 바벨론의 괴롭힘으로 기진맥진한 피곤에 지친 백성들이다. 그들의 조상들을 살해한 자들의 후손까지 대등하게 아브라함과 사라의 후손에 포함되는 미래를 그들은 꿈속에서도 생각하지 못했을 것이다.

그로부터 500년이 흐른 후, 시므온이 그 소작농의 아이를 팔에 안았을 때, 그는 만민 앞에 준비된 하나님의 구원을, 열방을 비추는 빛을, 하나님의 백성 이스라엘의 영광을 알아보았다. 그는 예수로 인해 촉발될 적대감도 보았다. 많은 사람이 그로 인해 넘어지기도 하고 일어서기도 할 것이다. 시므온은 그저 예수에 관한 그럴싸한 짐작만을 한 것이 아니다. 무언가 다른 일이 진행되고 있었다. 시므온이 기다리면서 대비하고 있던 것은 이스라엘의 구속이었다. 그는 이사야 40-55장과 촘촘하게 엮인 약속, 이스라엘이 다시 확신을 얻게 될 것이라는 약속을 신뢰했다. 그 선지자의 언어로 양념을 뿌린 시므온의 말들은 그가 이 '다시 확신을 얻는다'는 요소를 이해하고 있었음을 보여준다. 그 일은 전 세계를 아우르는 보편적인 성격을 띨 것이며, 바로 이 국제적인 특징 때문에 많은 이스라엘 사람의 심기가 불편해질 것이다. 시므온은 마리아에게, 오직 마리아에게만 그런 이야기를 하면서, 그 어머니에게 그녀의 어린 아들의 운명을 경고한다. 예수는 그 종의 운명을 짊어져서, 영의 감동을 받은 가르침으로 열방에게 계시를 전달할 것이며 동시에 자신의 운명을 결정할 것이다. 그의 가르침에 걸려 넘어진 이스라엘 사람들은 결국 그에 반대하여 일어설 것이며, 그의 수염을 뽑고 등을 치며, 곧 잠잠해질 그 교사를 살해할 것이다.

우리에게는 외부인을 희생시켜 이 세상에서 우리 입지를 강화하는 방향으로 성경을 해석하려는 경향이 있을 수 있다. 영의 감동을 받은 시므온의 이 노래는 그러한 경향에 대한 필수적인 교정책이다. 이사야 40-55장의 그 종과 마찬가지로 시므온은 강경한 애국주의를 위한 여지를 남겨두지 않는다. 이스라엘의 영광보다 하나님께서 만민을 위해 준비하신 구원과 열방을 향한 계시가 먼저다. 시므온의 민족을 둘러싸고 있는 열방들이 넘어진다면, 시므온의 민족도 일어서지 못할 것이다. 나는 이 모든 이야기가 외국인 정책 혹은 이민법 개혁 혹은 아랍과 기독교인의 관계 같은 구체적인 사안들에 어떤 의미가 있을지는 잘 모르겠다(정치인들이 그 의미를 알고 있는지도 잘 모르겠다). 하지만 다른 나라에 대한 두려움을 동력으로 삼는 강경 노선의 극단적인 보호주의 정책들은, 영의 감동을 받은 그 종의 비전보다는, 그 종을 반대하는 폭력적인 반대자들의 정서를 더 반영하고 있다는 사실은 확실히 안다.

그리고 나는 다음과 같은 사실 역시 확실히 안다. 즉, 그 영은 범상치 않은 사람들에게, 말하자면 국경이 없는 세상, 편애가 없는 하나님, 장벽이 없는 나라를 볼 수 있는 사람들에게 기름을 부으신다. 그들은 하나님의 선택을 받고 영의 감동을 받은 그 종처럼 아침마다 가르침의 말씀에 귀를 기울이는데, 그 말씀은 **자기** 민족만이 아닌 **열방**을 향한 메시지다. 그들은 시므온과 같은 무명의 남녀이지만 영의 감동을 받은 남녀로서 일생을 성경을 연구하는 데 바친 사람들이다. 그들은 다른 사람의 눈에는 감추어진 하나님의 구원이, 나중에 열방을 비추는 빛이 될 소작농의 아이 한 명 안에서 구체화되는 이 한순간을 기다려 온 보잘것없는 사람들이다.

제4장
요엘의 꿈

이 장을 읽기 전에 숙지해야 할 성경 본문

- 민수기 11:1-30
- 요엘 3:1-4, 사도행전 2:16-21
- 사도행전 10:1-16
- 사도행전 11:1-18
- 사도행전 15:1-35

이스라엘 민족의 고대 역사를 살펴보면, 출애굽 이후 광야 방랑기 동안에 일어난 이상한 이야기 하나가 들어 있다. 방랑하는 동안 이 풋내기 민족은 모세에게 엄청난 요구들을 해댔다. 모세의 어깨가 아무리 넓다 해도, 이집트에서 나온 이 제멋대로인 피난민 무리를 짊어지기에는 턱없이 부족했다.

그래서 모세는 하나님께 불평한다. 하나님은 그 불평에 응답하셔서, 이스라엘과 함께하기 위해 정하신 가시적 장소인 회막으로 장로 칠십 명을 모으라고 모세에게 명령하신다. 그곳에서 하나님은 "내가 강림해서 거기서 너와 이야기할 것이며, 너 위에 있는 영

가운데 일부를 취해서 그들 위에 둘 것이니, 그들이 너와 함께 백성의 짐을 감당해서 그 모든 짐을 너 혼자 감당하지 않게 될 것이다"(민 11:17)라고 약속하신다. 모세는 적당한 절차를 따라서 "백성의 칠십 장로를 모아, 그들을 장막 주변에 둘러 세웠다. 그러자 주께서 구름 가운데 내려오셔서 모세에게 말씀하시고, 그 위에 있는 영 가운데 일부를 취해서 칠십 장로 위에 두셨다. 영이 그들 위에 거하자 그들이 예언을 했다. 하지만 그 후로 그들은 다시 예언하지 않았다"(민 11:24-25).

문제가 해결됐다. 모세는 특정 시기에 특정 장소에서 딱 필요한 도움을 받아서 그의 어깨에 짊어진 아주 무거운 짐을 덜어 낼 수 있었다. 이 도움을 준 이들은 너무나 자연스럽게도 그 상황에 딱 맞는 사람들이었다. 즉, 이미 공인된 이스라엘의 남성 지도자들이었다. 또 이 지도자들이 모인 곳도 딱 맞는 장소였다. 즉, 이스라엘 민족이 하나님을 만나는 합법적인 장소로 공인하는 회막이었다. 그리고 이 도움은 딱 맞는 시기에 왔다. 딱 이번 한 번만이었다. 같은 일이 두 번 다시 일어나지 않았다. 모든 것이 정리됐고, 모든 것이 말끔해졌다. 모세를 선두에 세운 이스라엘은 이제 질서정연하게 앞으로 나아갈 수 있었다.

아주 조금 격식을 벗어난 일

하지만 이것이 이야기의 전부가 아니다. 모세의 보조자인 여호수아는 엘닷과 메닷이라는 두 명의 장로가 예언한다는 사실을 알게 됐다. 여호수아는 그들이 회막에 있던 모세에게 오지 않고 진영에 그대로 머물러 있었기 때문에 그들이 예언하도록 허용해서는 안 된다고 주장했다. 이는 충분히 이해가 되는 주장이다. 하지만 그들은 **정말로** 예언을 하고 있었다. 다른 장로들은 모세의 말에 순종해서 또한 관습을 따라 하나님이 강림하시는 장소로 지정된 신성한 장소인 성막에 모였지만, 정말로 이상하게도 그 두 사람은 모세와 다른 장로들과 떨어진 곳에 있었음에도 모세로부터 온 영을 받았다.

그리고 아주 매력적인 내용이 있다. 모세는 "모르는 소리 하지 마라!"로 번역할 수 있는 말들로 여호수아에게 대답한다. "네가 나를 위해서 질투하는 것이냐? 주의 백성 모두가 예언자이기를, 그리고 주께서 그들 위에 그의 영을 두시기를!"(민 11:29)

모세에게 격식은 뒷전이었다. 물론 모세는 정해진 장소에서 질서를 따라 적합한 방식으로 그 영을 부여했다. 하지만 그는 이스라엘의 최고 선지자라는 위치에 있었음에도 엘닷과 메닷이 적법한 경로를 통하지 않고 영을 받았다는 사실에 조금도 놀라지 않았다. 사실 모세는 그들이 예언한다는 소식에 기뻐서 흥분했다. 그는 하나님의 백성 모두가 예언자가 되기를, 하나님께서 이스라엘 모든 사람 위에 영을 두시기를 바랐다(같은 바람을 다른 표현으로 두 번 반복한다).

바로 이것이 성경의 첫 다섯 책인 토라 안에 영이 등장하는 소수의 본문 가운데 하나인 이 본문에 포함된 아주 조금 격식을 벗어난 부분이다. 이처럼 격식을 벗어난 훨씬 더 극적인 사례가 이 본문에서 열세 장 뒤에 등장한다. 전혀 이스라엘 사람이 아닌, 바벨론 점술사인 발람에게 하나님의 영이 임하고 그가 이스라엘을 축복한 것이다(민 24:2). 하지만 당장은, 공인받지 않은 두 명의 이스라엘 장로인 엘닷과 메닷이 정해진 시간과 정해진 장소에 나와서 모세의 말을 존중하지 않았음에도 불구하고 영을 받았다는 사실에 주목하는 것으로 충분하다. 기존 질서의 수호자였을 모세이지만 이런 상황에서도 전적으로 기뻐하는 모습을 보였다.

이 이야기 속에서 모세는 훌륭한 지도자의 자질을 보여준다. 그는 신임을 받는, 잘 훈련된 보좌관 여호수아를 옆에 두고 있었다. 모세는 임명된 유능한 지도자들에게 자신의 권한을 위임한다. 그는 기도하고 경청하고 순종한다. 하지만 지도자의 자질에 관한 이러한 전통적인 교훈보다 더 매혹적인 교훈은 그가 자신의 권한을 위임하지 **않은** 이야기 속에 있다. 즉, 엘닷과 메닷은 통상적이지 않은 경로를 통해서 권한을 받았고, **모세는 그 일에 들떠 기뻐했다.** 사실 그는 모든 이스라엘 사람 각자(각각의 남자, 여자, 아이들)가 영을 받고 예언하기를 바랐다.

이러한 지도력을 갖기는 힘들다. 오히려 한 지도자가 결국 자

신이 통제할 수 있는 집단 혹은 최소한 속마음을 털어놓을 수 있
는 믿을 만한 보좌관 집단을 모으는 일이 훨씬 더 쉽다. 더 나은 지
도자, 더 위대한 지도자, 더 탁월한 지도자는 자신의 통제 **밖에** 있
는 사람에게도 영이 권한을 위임하도록 허용한다. 특정 지도자의
통제 밖에 있는 사람이라면 그 지도자가 전혀 통제할 수 없는 사
람일 수도 있는데 말이다! (엘닷과 메닷이 다른 사람들과 함께 있지 않았던
이유가 무엇이었을지 자문해보라.) 하지만 영이 그들을 통제한다. 이 사
실을 아는 모세와 같은 최고의 지도자들은 영에게 통제권을 양도
할 수 있다.

아내와 내가 이 교훈을 처음 배운 것은 아내가 처음 목회를 시
작한 때였다. 그녀는 당시 은사주의 운동(1960년대에 시작되어 70년대
에 전성기를 누렸고 오늘날까지 지속되고 있는 현상) 때문에 일어난 분열로
엉망이 된 상당한 규모의 대학교 교회에서 부목사로 시무하게 됐
다. 많은 그리스도인이 이 운동에 영향을 받았고, 방언으로 말하
고, 치유 사역에 가담하고, 예언하기 시작했다. 이들은 아내가 시
무했던 감리교와 같은 다른 주류 교단의 그리스도인을 향해서 자
신들과 같은 경험을 해야 한다고 재촉하며 교회 안에 소란을 일으
켰다. 상당수 목회자들은 완강하게 버티고 서서 이 경험들을 깎아
내리는 반응을 보였다. 많은 은사주의 그리스도인은 그들과 비슷
한 성향의 교회로 떠나는 것으로 항의 의사를 표명했다. 주류 교회
에 그대로 남은 일부 은사주의 그리스도인은 그들의 목회 지도자
들과 요란한 갈등 관계를 지속하고 있다.

다행히도 아내와 그녀의 선배 목사인 밥(Bob)은 평화 중재자였다. 밥은 그런 사람이어야만 했다. 왜냐하면 그의 아내는 열정적이고 거침없는 은사주의 그리스도인이었지만(이름도 그에 걸맞은 조이[Joy]였다), 자신은 주류 연합 감리교의 일원이었기 때문이다. 내 아내 프리실라와 밥의 지도를 따라서, 오랜 상처가 치유되기 시작했다. 오래되어 해어진 곳들이 봉합됐고, 은사주의 그리스도인들은 교회 안에서 엄청난 영향을 끼쳤다. 밥보다 훌륭하지 못한 지도자들(그런 지도자들은 많다)은 어떻게든 통제를 하려 하고, 은사주의를 문제 많은 허구라고 희화하며, 영원히 지속될 균열을 만들어냈다. 이 지도자들은 자기 회중을 관리 감독하려는 욕구가 강해서, 젊은 여호수아처럼 의심과 비난으로 반응했다. 반면 다른 지도자들은 더 성숙한 모세처럼, 자기 회중 가운데 구석에 있는 공인받지 않은, 따라서 관리 밖에 있는 사람들을 받아들였다.

영에 동요되다

모세와 칠십 장로, 그리고 비정식 절차로 영을 받은 두 장로의 이야기는 이스라엘 민족 안에서 긴 시간 동안 영향을 미쳤다. 특별히 한 선지자는 이 이야기의 실들을 모아서 거미집을 하나 지을 정도였다. 모세는 이스라엘 모든 사람이 예언을 하면 좋겠다고 이야기했는데, 그 소망이 이 선지자의 전망에서는 이스라엘 사람만

이 아닌 모든 사람이 예언을 하면 좋겠다는 바람으로 확대된다.

　이 책에는 '요엘'이라는 이름이 붙어있다. 이 책이 없었다면 그는 히브리 성경에 등장하지 않았을 인물이다. 이 책의 기록 연대는 확실치 않다. 현재 정경에서 이 책은 호세아와 아모스 사이에 자리 잡고 있지만, 그 두 책만큼의 생동감은 없다. 요엘의 예언 속에는 "오직 정의를 물같이, 공의를 마르지 않는 강같이 흐르게 하라"(암 5:24)처럼 모든 시대에 통용되는 간곡한 호소도 없고, 아모스와 달리 이스라엘을 향한 인상적인 비판도 없다. 아모스는 정의를 향한 특출한 열정을 가지고 이스라엘의 여자들은 살찐 암소라든지, 이스라엘 사람들은 걸신들린 듯이 배를 채우고 대접으로 포도주를 마신다는 등의 탁월한 고발을 남겼다. 하지만 요엘의 메시지 속에는 예언자 개인이 사적으로 관여한 어떤 흔적도 발견할 수 없다. 호세아의 경우는 창녀와 결혼을 하고(한 번 들으면 잊을 수 없는 이야기다), 예레미야의 경우는 고문을 받고 나서 전혀 예상치 못하게 하나님이 자신을 완전히 배신했다며 원망하는 고백을 하지만(렘 20장), 요엘의 경우는 그런 경험이 전혀 없다. 사실 요엘의 예언은 히브리 성경의 다른 예언서 대부분에 비하면 무언가 약해 보인다. 우리의 상상력을 자극하거나, 절망의 계곡에서 희망을 건져 올릴 만한 내용이 거의 없어 보인다.

　하지만 예외가 있다. 이 내용이 없었다면 시시한 말씀들의 모음집이었을 이 책에 내리치는 유일한 번개가 하나 있다. 요엘도 하나님의 말씀을 맡은 사람 아닌가!

그 후에 내가 내 영을 모든 육체 위에 부을 것이다.

너희 아들들과 딸들이 예언할 것이며,

너희 늙은이는 꿈을 꿀 것이며,

너희 젊은이는 이상을 볼 것이다.

그날에는 심지어 남종과 여종 위에도

내가 또 내 영을 부을 것이다.

내가 하늘과 땅에 징조를 보여줄 것인데,

곧 피와 불과 연기 기둥이다.

주의 크고 두려운 날이 이르기 전에,

해가 어둠으로, 달이 피로 변할 것이다. (욜 2:28-31)

요엘의 꿈에서 획기적인 내용은 영이 부어질 것이라는 약속이 아니다. 그런 내용은 다른 예언서에도 나온다. 이사야는 "위에서 부터 영을 우리에게 **부어 주시고**, 광야가 열매 가득한 밭이 되며, 열매 가득한 밭이 숲으로 여겨질" 그때(사 32:15), 황폐한 유다의 도시들이 재건되기를 고대한다. 그보다 더 뒷부분에는 이스라엘로 개종한 사람들이 모여듦으로써 유다가 새로운 생명력을 품게 될 것이란 약속이 나온다. 하나님은 "나는 목마른 땅에 물을 주며, 마른 땅에 시내가 흐르게 하며, 나의 영을 네 자손에게, 나의 복을 네 후손에게 부을 것이다"(사 44:3)라고 약속하신다. 바벨론 포로기라는 수렁에 빠져 있는 동안, 또 다른 예언자인 에스겔도 하나님께서 다시는 이스라엘을 버리지 않으시기를 간절하게 바라면서 영의 약속을 이야기한다. "그들이 내가 그들의 하나님, 곧 주인 줄을 알 것은, 내가 그들을 열방들 가운데 포로로 보냈다가 그 후에는 그들을 모아 고국 땅으로 돌아오게 했기 때문이다. 나는 그들 중 한 사람도 두고 가지 않을 것이며, 다시는 내 얼굴을 그들에게 가리지 않을 것인데, 그때에는 내가 내 영을 이스라엘 집 위에 **부을 것이다.** 주 하나님께서 이렇게 말씀하셨다"(겔 39:28-29). 이스라엘 백성은 쉽게 확인할 수 있는 자료들을 통해서 그 영이 언젠가 부어질 것이라는 사실을 알고 있었다.

요엘의 꿈이 가진 위력은, 모세와 영의 감동을 받은 장로들의 이야기를 확장하는 방식에 있다. 요엘은 동시에 일어나는 두 차원의 변화를 결합함으로써 이 이야기를 확장한다.

첫째, 요엘은 모세의 이야기를 수평 방향으로 확장시킨다. 모세 이야기에서 영은 주의 백성에, 이스라엘 사람 전체에 국한되어 있다. 요엘 역시 영이 예언을 불러일으킬 것이라고 믿었지만, 요엘에게 이 경험은 모든 육체로 확대될 것이다. 이사야의 언어로 표현하면, 해안 지대에 있는 사람들, 하나님의 이름을 그들의 손에 새긴 사람들, 하나님께서 그 위에 빛을 비추는 열방이 장차 주의 백성으로 구성될 것이다(사 42:4, 44:5). 예언할 주체는 이스라엘이 아닌 모든 육체다. 영이 부어질 것이라는 그 예언자의 약속은 우리가 상상할 수 있는 모든 경계, 우리가 스스로 부과한 모든 장벽을 무너뜨린다.

둘째, 요엘의 비전에서 영은 수직 방향으로, 즉 사회 꼭대기에서 밑바닥으로, 유명한 남성에서 무명의 여성 노예로 퍼져나간다. 영이 노인과 젊은이에게, 또 아들들에게 약속된다는 것은 놀라운 사실이 아니다. 하지만 영이 딸들에게, 노예들에게, 남자와 여자 모두에게 약속된다는 사실은 놀랍기 그지 없다. 요엘은 그 이야기에서 '주의 백성 모두'라는 표현을 단지 '모든 장로' 혹은 '모든 남자' 혹은 '모든 지주' 혹은 그와 유사한 특권 계층만을 포함하는 의미로 편안하게 해석할 수도 있었다. 하지만 요엘의 비전에서는 어떤 사람이라도 모두 영을 받고 예언할 수 있다. 그 영은 경건한 사람 혹은 특권층에게만 부여되는 것이 아니라, 차별 없이 쏟아부어진다. 요엘의 말 속에는 인위적인 제한이 전혀 없다. 하나님의 영이 예언자들로 가득한 세계를 창조하시는 것을 방해하는 어떤 경계도, 어떤 사회적 인습도, 어떤 계층 구분도, 어떤 성별 구분도 존재하지 않는다. 이 사실은 다름 아닌 특권의 파괴, 경제력과 연령과 성별 혹은 사회적 지위라는 경계와 제한의 철폐를 의미한다. 여기서 요엘이 꿈꾸고 있는 것은 그 영의 완전한 민주화로, 영의 인도를 받는 무정부주의, 국경 없는 세계라고 표현할 수도 있겠다. 그런데 그 세계는 영이 장엄하게 연출한다는 사실을 제외하면 무질서 상태일 수 있다.

요엘의 꿈은 화산처럼 폭발한다. 그의 비전은 보수 성향이라는 술 부대를 찢어버린다. 그 영이 하실 것으로 우리가 기대할 만한 그런 일이다. 노예를 끌어안음으로써 지배 체계를 파괴한다. 여자와 딸들과 여성 노예들을 끌어안음으로써 남성의 지배가 무너져 내린다. 모세 주변을 둘러쌌던 공인된 남자들로 구성된 상서로운 영역도, 그리고 그와 동떨어져 있던 독립된 영역도 요엘의 꿈속에서는 무너져 내린다. 그 속에서 그 영은 모든 육체에, 남성 연장자만큼이나 풍성하게 여성 노예에게도 부어진다.

만약 하나님의 영이 사회 안에서 그와 같은 사회적, 정치적 힘을 발휘한다면(요엘을 위시하여 이스라엘의 예언자들은 이 사실을 의심할 만한 일말의 여지도 남기지 않는다), 우리는 이렇듯 물처럼 곳곳에 스며들도록 부어지는 그 영의 일부가 되기 위해서 어떻게 해야 할까? 우리 사이에도 정치에 대한 견해차, 우리 정부가 뒷받침하는 사회 프로그램의 범위에 대한 견해차, 정부가 마땅히 지원해야 한다고 생각하는 외국 원조의 유형과 범위에 대한 견해차가 굉장히 크다는 사실을 고려하면, 이 질문에 답하기는 쉽지 않다.

나는 이 질문에, 경계 없는 지구를 만드는 데 목적을 둔 조직들에 참여하는 방식으로 가장 정치적인 관점의 답변을 할 수 있다고 제안하는 바다. 컴패션인터내셔널(Compassion International: 세계 도처의 빈곤층 아이들을 장기적으로 양육하는 일에 전념하는 기독교 아동 지원 조직―역주), 케어(Care), 적십자(Red Cross)와 적신월사(Red Crescent: 적십자사에 해당하는 이슬람 국가의 조직―역주), 옥스팜(Oxfam: 개발도상국의 삶과 공정무역 거래, 의료와 교육을 돕는 단체―역주), 항공선교회(Mission Aviation Fellowship: 비행기를 이용하여 교통이 불편하고 낙후된 지역에 의료진과 전도팀 수송 및 긴급구조 역할을 하는 선교단체―역주). 하나님의 영은 이런 단체

들을 통해서 우리의 생각 속에 존재하는 경계들을 허물어뜨리신
다. 우리는 그 경계들 때문에 도시의 현관문 앞에 무기력하게 서
있는 노인들을(그들도 꿈을 꾸고 있을 게 틀림없다), 싸구려 전자 장비를
생산하기 위해 매일 열여섯 시간씩, 일주일에 칠 일을 일하는 중국
선전 지역의 17세 소녀들을 무시하기 쉽다. 그들이 예언자들이어
야 할 그 순간에 말이다.

월드비전(World Vision)과 같은 단체를 지원하는 일은, 특히 그
일을 개인적인 관점에서 볼 경우에는 그 영의 사역처럼 느껴지지
않을 수 있다. 거기에는 마음을 울리는 경외심도, 마음을 사로잡는
집단 예배도, 강력한 설교도 없을지 모른다. 우리의 마음이 확장되
거나 고양되는 일도, 기쁨이 넘치는 일도 없을지 모른다. 하지만
요엘의 비전에서 영의 사역은 단순히 개인에 국한되지 않는다. 거
기서 영은 개인들 **내부로** 흘러들어 가지 않고(즉 **안으로** 부어지지 않
고), 사회들 **위로** 흘러나온다(즉, **밖으로** 부어진다). 우리가 그러한 조직
들에 협력할 때, 우리는 영의 감동을 받은 요엘의 비전에 동참하고
있는 것이다. 이것은 부인할 수 없는 사실이다.

예를 들면, 내 아들 제레미는 컴패션인터내셔널을 통해서 가나
에 사는 같은 또래의 소년인 아가바(Agaba)와 편지를 주고받는다.
아가바와 제레미는 패거리 문화와 불문율의 상하 체계가 만연한
학창시절을 보내는 와중에, 잠깐, 아주 잠깐이나마 둘 사이의 편지
교환을 통해서 경계 없는 세계, 서열 없는 세계, 즉 요엘이 꿈꾸었
던 세계를 맛본다. 아니면 국경 없는 의사회(Doctors Without Borders)

를 생각해보라. 정부 보안 당국은 이 조직이 용서받을 수 없는 일을 했다면서 그 본부를 급습했던 적이 있다. 시위대의 환자를 치료하기 위해서 정부가 정해놓은 국경을 넘었다는 이유였다. 국경 없는 의사회는 나이 든 남자와 어린 여자, 노예와 자유인, 정치인과 시위대를 끌어안음으로써, 그 영이 부어지는 일을 촉진하고 있으며, 그리스도인들에게 요엘의 비전을 수용하고 또 구현할 기회를 제공하고 있다.

우리는 '밖으로 흘러넘치는 영'이라는 이 예상치 못한 요엘의 이미지로 인해서, 방언과 같은 은사나 인내와 같은 열매처럼 그 영이 개인 내부에서 행하는 일들이라는 익숙한 경계를 뛰어넘게 된다. **모든 육체**가 탈바꿈될 것이다. **모든 사람**이 변화될 것이다. 아들과 딸, 노인과 청년, 남종과 여종이 하나의 웅장한 꿈 같은, 공상 같은 예언적인 사회로 말려들어갈 것이다. 이상적이라고 생각하는가? 맞다. 심지어 비현실적이다. 그렇지만 여전히 영원불변한 진리다. 한 세기가 지난 후에, 그 영의 폭풍이 만들어낸 산물로 기억될 쪽은 어디일까? 폭력적인 탄압을 통해서 자신의 이익을 지킨 정부일까, 아니면 국경 없는 의사회일까?

대담한 각색

요엘의 꿈은 예수의 첫 제자들 가운데서 꽃을 피운다. 누가가 사도행전에서 들려주듯이, 그 거룩한 영이 불의 혀와 같은 모습으로 그들에게 골고루 나누어졌고, 그들은 그들 자신도 알지 못하는 외국말로 하나님의 위대한 일을 말하기 시작했다. 그 영이 이렇게 골고루 나누어진 사건은, 그 영이 칠십 장로 각자에게, 그리고 관습을 벗어나 있던 두 사람인 엘닷과 메닷에게 임한 모세의 날들을 떠올리게 한다. 하지만 오직 남자로만 구성됐던 그 집단으로는 그 오순절 경험의 폭을 아우르기 힘들다. 그 오순절에는 남자와 여자가 (아마도 아이들도) 함께 기도하고, 함께 그 거룩한 영을, 각자에게 임한 불의 혀와 같은 영을 받았다(행 2:1-4). 그렇기 때문에 사도들의 수장이었던 베드로가 이 오순절 사건을 설명하려고 일어섰을 때, 그는 모세와 장로들 이야기가 아닌, 그 이야기를 개작한 요엘의 예언으로 향한다.

> 선지자 요엘을 통해서 말씀하신 내용은 다음과 같다.
> "하나님께서 선언하셨다. 마지막 날에
> 내가 내 영을 모든 육체 위에 부을 것이니,
> 너희 아들들과 딸들이 예언할 것이며,
> 너희 젊은이들은 환상을 볼 것이며,
> 너희 늙은이들은 꿈을 꿀 것이다.
> 그날에는 심지어 내 남종과 여종 위에도
> 내가 내 영을 부어줄 것이니,
> 그들이 예언할 것이다.

또 내가 위로 하늘에서는 기사를

아래로 땅에서는 징조를 보일 것이니,

곧 피와 불과 연기다.

주의 위대하고 영광스러운 날이 이르기 전에

해가 어둠으로

달이 피로 변할 것이다.

그때 주의 이름을 부르는 사람은 누구나 구원을 받을 것이다.”

(행 2:16-21)

하지만 이러한 일이 사도행전 안에서는 실제로 거의 일어나지 않는다. 딸들이 예언한 사례로는 빌립의 딸들이 있다. 네 딸은 그들의 아버지처럼 예언의 은사를 받았다(행 21:9). 여종이 예언한 사례가 딱 한 번 있는데, 그것도 거룩한 영이 아닌 다른 영, 점치는 영의 감동을 받은 여종이었다. 바울은 그 소녀가 계속 소리를 지르자 괴로워서 그 귀신에게 즉시 떠나라고 말했다(행 16:16-18). 의미심장한 환상의 경우는, 바울, 베드로, 고넬료처럼 어느 정도 입지를 가진 남자들에게만 보여졌다. 가장 중요한 사실은, 교회가 국제적인, 문화를 초월한, 경계를 무너뜨리는 공동체로서 정체성을 다져가는 작업이 쉽지만은 않았다는 것이다. 이 사실을 인식하는 데에도 그 영의 작업이 더 필요했다.

그런 작업 중 첫 번째 작업은 조용하고 은밀하게 진행됐다. 이 작업은 예루살렘 교회의 지도자였던 베드로가 시간을 따로 내서 점심시간에 지붕 위에서 홀로 기도하는 동안 일어났다. **베드로가 기도하고 있었다**는 이 조그마한 세부사항은 다니엘과 시므온을 상기시킨다. 그들은 순전한 훈련을 통해서 세상을 변화시키는 놀라운 그 영을 체험할 기회를 얻었다. 우리는 이 세부사항을 통해서, 정기 점검이 그 영 안에 사는 삶에서 중요한 요소라는 사실을 재차 확인한다.

베드로가 기도를 하는 동안 몇 가지 일이 한꺼번에 일어난다. 첫째, 그는 환상을 보았다. 둘째, 가이사랴에 사는 경건한 사람 고넬료가 보낸 세 사람이 문 앞에 당도했다. 셋째, "베드로가 그 환상에 관하여 아직 생각하고 있을 때, 그 영이 그에게 '보라, 세 사람이 너를 찾고 있다. 이제 일어나 내려가서, 주저하지 말고 그들과 함께 가라. 그들은 내가 보낸 사람들이다'라고 말씀하셨다"(행 10:19-20). 베드로에게는 정말 특별한 오후였을 것이다. 환상과 어떤 사람들의 방문과 음성. 이런 일이 가능했던 것은 개인적으로 기도하던 그의 습관 때문이다.

베드로는 지붕에서 내려가 그 사람들과 함께 가이사랴로 향했다. 그들이 그곳에 도착하자마자, 고넬료는 자신이 본 환상을 베드로에게 들려주었다. 빛나는 옷을 입고 나타난 사람들이 고넬료 앞에 서서, 그의 기도를 하나님께서 들으셨고 그의 구제를 하나님께서 기억하신다고 말했다. 여기서 눈에 띄는 사실이 있다. 베드로가 그 말에 설교로 응답했는데, 그의 설교가 그 거룩한 영의 사역으로 중단됐다는 사실이다.

베드로가 아직 설교를 하고 있을 때, 거룩한 영이 그의 말을 듣고 있던 모든 사람 위에 내렸다. 베드로와 함께 온 할례 받은 신자들은 거룩한 영의 선물이 이방인들에게도 부어졌다는 사실에 놀랐다. 이방인들이 방언을 말하고 하나님을 찬양하는 소리를 들었기 때문이다. 이어서 베드로가 말했다. "이 사람들이 우리와 마찬가지로 성령을 받았으니, 이 사람들에게 물로 세례를 주는 것을 누가 막을 수 있겠습니까?" 그래서 그는 그들에게 예수 그리스도의 이름으로 세례를 받으라고 명령했다. 그리고 그들은 베드로에게 며칠 더 머물기를 청했다. (행 10:44-48)

이후 베드로가 예루살렘으로 돌아갔을 때, 그는 예루살렘의 유대인 신자들에게 질문을 던졌다. "우리가 주 예수 그리스도를 믿었을 때 하나님께서 우리에게 주셨던 것과 동일한 선물을 하나님께서 그들에게도 주셨다면, 내가 누구라고 하나님을 방해할 수 있겠습니까?" 당혹스러웠던 청중들도 결국 확신을 가지게 됐던 게 틀림없다. 왜냐하면 "그들은 이 말을 듣자 잠잠해졌다. 그리고 하나님께 영광을 돌리며 '그렇다면 하나님께서 이방인에게도 생명에 이르게 하는 회개를 주신 것이군요'라고 말했기" 때문이다(행 11:17-18).

이 비범한 장면 전체에 대해 장황한 이야기를 늘어놓기보다는 그리스어 단어 하나에 초점을 맞추어보자. 이 모든 일의 시작점에서 그 영은 베드로에게 "주저하지 말고 그들과 함께 가라"고 명령한다(10:20). '주저하지 말고'. 새로운 일이 진행되고 있는데(요엘의 비전이 실현되고 있다. 하지만 베드로는 아직 이 사실을 모른다), 베드로가 질질 끌면서 그 일에 참여해서는 안 될 노릇이다. 그런데 '주저하다'로 번역된 동사(diakrinomenos)는 '차별하다'의 의미도 있다. 베드로는 영의 인도를 따라 가이사랴를 방문한 후에야 영이 말한 이 단어를 '차별하다'의 의미로 이해하게 됐다. 거기서 그는 예상치 못하게, 거룩한 영이 유대인이 아닌 이방인들 위에 부어지는 모습을 보았고, 그들은 방언으로 말하고 하나님을 찬양했다.

베드로가 예루살렘으로 돌아왔을 때, 그는 그곳의 유대인 신자들에게 그 이야기를 다른 표현으로 들려준다. "그 영이 나에게 그들과 우리 사이를 **차별하지 말고** 그들과 함께 가라고 말씀하셨다"(11:12 저자의 번역). 베드로가 여기서 사용한 동사 '디아크리네인'(diakrinein)은 베드로의 환상과 하나님의 지시에 관한 이야기에서 영이 사용했던 단어와 같다. 하지만 의미는 다르다. 이제 베드로는 영이 자신에게 '일어나서 **주저하지 말고** 가라'고 말한 것이 아니라, '일어나서 유대인과 비-유대인 사이를, 예루살렘의 신자들과 가이사랴의 신자들 사이를 **차별하지 말고** 가라'고 말한 것으로 이해했다.

베드로는 그가 받은 영의 말씀을 재해석해서, 확장이라는 성경의 원칙을 따랐다. 요엘은 모세와 공인된 남자 장로들에게 영이 주어졌던 이야기를, 이스라엘 민족이 아닌 사람들(모든 육체)과 공인되지 않은 남자와 여자를 포함하는 이야기로 확장했다. 그것은 시므온도 마찬가지다. 시므온은 영의 감동을 받은 종에 관한 비전을, 지금 자신의 팔에 안긴, 갈릴리 소작농의 조그마한 아기를 그 종과 동일시함으로써 변형시켰다. 요엘과 시므온처럼 베드로도 한 단어와 그 영의 사역을 묵상해서, 그의 경험에 대한 더 깊은, 심지어는 변형된 이해에 도달했다.

만약 내가 베드로와 같은 경험을 했다면 아마도 그 경험을 그 모습 그대로 보존하기 위해 그 소중한 구체적인 내용을 하나하나 기억에 새기려 했을 것이다. 환상과 사람들의 방문과 음성이 등장하는 그런 경험은 정말 흔치 않은 경험 아닌가! 하지만 베드로는 결코 그렇게 하지 않았다. 그는 그가 나중에 본 내용, 즉 가이사랴에서 이방인들에게 거룩한 영이 부어진 사실에 비추어 그 환상을 곰곰이 반추했고, 그 의미가 그의 경험을 통해 변형되도록 허용했다. 그리고 나중에 그는 처음에는 알지 못했던 사실, 즉 영은 그에게 '주저하지 말라'고 말했던 것이 아니라는 사실을 알게 됐다. 실제로 그 영은 훨씬 더 중요한 사실을 그에게 말하고 있었다. 즉, '민족주의와 인종적 선입관을 간직한 채로 가이사랴를 방문해서는 안 된다'고 말하고 있었다.

거룩한 영을 체험했던 과거의 일을 심각하게 묵상해보는 작업이 절대적으로 필요한 것은 아니다. 우리는 과거의 경험을 잘 보관하기 위해 그것을 동결 건조시키거나 진공 포장했을 수도 있다. 하지만 요엘, 시므온, 베드로는 그와는 다른 더 대담한 작업을 우리

에게 알려준다. 때로는 미래를 향한 확장된 관점에 비추어 옛 전통
들을 숙고해보는 작업이 더 유익할 때가 있다. 때로는 과거의 영
체험들을 나중의 경험들에 비추어 숙고해보고, 그 과정에서 그 초
기 경험들을 신선하게 혹은 다르게 이해해보는 것이 더 유익할 때
가 있다.

　이런 작업이 그렇게 특별한 일도 아닌 것이, 나는 많은 사람이
자신도 모르게 이런 작업을 하고 있다고 생각한다. 예를 들면, 하
나님은 내가 열다섯 살 때 나에게 목회의 소명을 주셨다. 나는 그
경험을 기초로 성경 대학에 입학해서 나중에 한 교회의 목사가 되
어 롱아일랜드로 돌아오겠다는 계획을 세웠다. 하지만 휘튼대학
교에 가기로 한 결정 때문에 나는 그 소명을 다르게 이해하게 됐
다. 1974년의 이른 가을, 나는 고집과 만용이 뒤섞인 채, 휘튼대학
교 블랜차드홀(Blanchard Hall) 3층의 교실로 걸어 올라갔다. 얼마 지
나지 않아 빨간 머리의 중년 남자가 교실로 들어왔다. 그는 서류
가방을 열고는 말없이 돌아서서 칠판에 알아볼 수 없는 글씨들을
적었다. 그러고는 다시 돌아서서 장난기 가득한 눈으로 우리를 응
시하면서, 칠판에 써진 게 뭐냐고 물었다. 그가 빌립보서 4:13에서
인용한 그리스 단어들(내가 난생 처음 본 그리스어였다)을 설명할 때 내
마음은 기쁨으로 소용돌이쳤다. "나에게 힘을 주시는 그리스도를
통해서 나는 모든 것을 할 수 있습니다." 그는 계속해서 '하다'가
별다른 의미를 담지 못한 번역이라는 사실을 설명했다. 진지한 연
구 없이 우리가 그리스도를 통해서 화학을 '할' 수 있을까요? 성실

한 훈련 없이 우리가 경기를 '할' 수 있을까요? 내 평생의 정신적 스승이 된 제리 호손(Jerry Hawthorne)은 그렇지 않다고 대답했다. 우리에게 힘을 주시는 그리스도를 통한다고 해서 우리가 모든 것을 할 수 있지는 않다. 그래서 그는 '하다'보다 더 확실한 번역은 '직면하다'라고 제안했다. "나에게 힘을 주시는 분을 통해서 나는 모든 것에 직면할 수 있습니다."

나는 그 말에 푹 빠졌다. 그리고 나는 나의 첫 그리스어 수업이라는 렌즈를 통해서 나의 열다섯 살 때 경험을 묵상하면서, 그때 내 경험이 최종적인 소명이라기보다는 중간 기착지로서, 일반적인 의미에서 목회를 향한 격려였다는 점을 이해하게 됐다. 그리고 영은 내 그리스어 교수님을 통해서 그 일반적인 의미의 목회 소명을 다듬어서 대학생들을 위한 목회로의 부름으로 만들었다. 다른 말로 하면, 그것은 나를 지역 교회로 인도하는 부름이 아니었으며, 롱아일랜드의 교회로 인도하는 부름도 분명히 아니었다. 당연히 이 작업은 개인적인 거룩한 영 체험을 상당히 간단하게 재창조해 본 것이다. 요엘, 시므온, 베드로가 우리에게 제시하는 것은 그 범위 면에서 훨씬 더 극적이고 전반적인 작업이다. 베드로에게는 영이 그에게 전한 말씀, 즉 '주저하지 말고 가라'를 묵상해서, 이 말을 '차별하지 말고 가라'로 이해할 수 있는 능력이 있었고, 그로 인해서 단순히 베드로만이 아니라, 초대 교회 전체에 극적인 변화가 일어났다. 그의 가이사랴 여행은 그 거룩한 영의 인도를 받은 모험이 됐다.

그 사건이 벌어진 훨씬 후에 예루살렘 공동체는 그들 가운데 성령이 임한 이방인 남자들이 할례를 받아야 하는지를 결정하기 위해 모였다. 여기서 베드로는 같은 동사를 세 번째로 사용하는데, 이번에는 이방인에게서 할례라는 짐을 덜어주기 위해서였다. "또 사람의 마음을 아시는 하나님께서, 우리에게 하셨듯이 그들에게 도 성령을 주심으로 그들에게 증언하셨다. 그리고 그[하나님]는 믿음으로 그들의 마음을 깨끗하게 하셔서 그들과 우리 사이를 **차별하지**[*diekrinen*] 않으셨다"(행 15:8-9). 다시 한번 베드로는 '하나님의 요구는 주저하지 않고 가는 것이 아니라, 인종 차별 없이 가는 것'이라고 이해한다. 그리고 머지않은 장래에 그가 교회에서 지도력을 행사할 때, 요엘이 꿈꾸었던 사회에 대한 비전이 그 교회에서 적어도 부분적으로는 실현됐다(항상 부분적으로만 실현된다). 즉, 그 영이 그들 위에 강물처럼 넘쳐흐를 때, 젊은이들이 환상을 보고, 노인들이 꿈을 꾸며, 아들들과 딸들이 남종과 여종과 더불어 예언하는 일이 일어났다.

제5장
글로에의 불평

이 장을 읽기 전에 숙지해야 할 성경 본문

- 고린도전서 3:1-17
- 에베소서 2:11-22

불행하게도 나는 나이를 좀 먹었다. 그래서 미국에서 산성비를 만들어낸 적이 있다는 사실을 기억하고 있다. 보통은 조용했던 우리 북쪽의 이웃인 캐나다인들은 그 사실을 알고는 분노했다. 캐나다의 공기가 우리가 만들어낸 산성비에 오염된 탓이었다. 이 어린 시절의 기억은 흐릿하다. 하지만 이 기억은 우리가 국경의 의미를 오해하고 있음을 상기시킨다. 캐나다는 주권국가이지만, 미국의 오염물질이 국경을 가로질러 그들의 영토로 퍼지는 것을 막기 위해 10km 높이의 장벽을 세울 수는 없었다. 우리가 만든 국경, 우리가 세워놓은 경계는 얼마간은 인위적이고 엉성하기 마련이다.

경제의 경우는 어떨까? 중국 경제에 문제가 생기면 그 파급효과는 프랑크푸르트에도 미친다. 월스트리트 시장이 곤두박질치면 도쿄에도 영향을 준다. 중동의 정책 결정은 런던의 유가를 좌우한다. 다른 말로 하면 주권국가라고 해서 꼭 주권을 행사하고 있는 것은 아니다.

'경계는 인위적이다'라는 이 개념을 인간관계의 차원으로 가져가 보자. 나는 어릴 때 종종 아버지를 도와드리곤 했다. 우리는 함께 자동차 엔진 오일을 교환했다. 함께 사다리를 타고 올라가 지붕에 페인트칠도 했고, 코딱지만한 마당에서 함께 일도 했다. 그런데 아버지는 상당히 다혈질이셨다. 나는 지하실에서 일할 때 망치가 붕 날아가서 종이 상자 더미 어딘가에 떨어졌던 광경을 지금도 기억한다. 정말 다혈질 아니신가? 그런데 그건 아버지의 분노였지, 나의 분노가 아니었다. 그의 성미였지, 나의 성미가 아니었다. 하지만 나는 그 모습을 보았고, 그것을 느꼈고, 심지어는 그 감정을 흡수했다. 아버지의 몸과 내 몸 사이, 그의 감정과 내 감정 사이, 그의 마음과 내 마음 사이에는 분명히 경계가 존재했지만, 그 경계는 그의 분노가 나에게 깊은 영향을 미치는 것을 막지 못했다. 우리의 몸과 마음과 감정은 서로 분리되어 있었지만, 그의 분노가 나를 덮치는 것을 막지 못했다. 그의 분노가 곧장 나를 향하는 것이 아닐 때도 말이다.

나의 부부 관계가 더 좋은 사례일 수 있겠다. 감사하게도 내 아내는 나와 분리된 아주 다른 몸에서 살고 있다. 그녀에게는 내가 포함되지 않은 개인적인 역사가 있다. 그녀의 감정은 내 감정이 아니고, 그녀는 분명히 그녀 나름의 정신을 소유하고 있다. 하지만 우리에게는 이러한 경계들을 가로지르고 우리 각자의 삶의 구획을 초월하여 서로 공유하는 무언가가 존재한다. 우리는 삶의 리듬을 공유하며, 이심전심으로 통하고, 이 세상을 향한 같은 소망을 품고 그 소망에 가슴이 뛰는 사람들이다. 성별이라는 경계를 훨씬 뛰어넘어 굉장히 현실적인 의미에서 우리 둘은 하나가 됐다.

이런 사례 중 압권은 방귀다. 누군가 실례를 할 때 혹은 방귀를 뀔 때 혹은 무엇이라 부르건 그 행위를 할 때, 주변의 모든 사람이 그 냄새를 맡는다. (우리는 '냄새난다고 먼저 말한 네가 뀐 게 틀림없어!'라고 아이처럼 외친다.) 그 뒤로 어떤 일이 벌어질지 빤하다. 어떤 사람은 아무리 추운 날씨여도 자동차 창문을 내릴 것이다. 모여있던 사람들은 서로 거리를 두면서 흩어질 것이다. 왜 그럴까? 사람들 사이의 경계는 어느 정도건 인위적이기 때문이다. 적어도 뚫고 침투하는 게 가능한 경계들이다.

동조 압력(peer pressure)이란 것도 있다. 우리는 사적인 영역이 침범을 당한다고 느낀다. 우리는 다른 사람에게서 감기를 옮기도 한다. 이러한 경험들은 우리의 공동체성을 드러낸다. 하지만 우리는 우주에서 가장 신비롭고 가장 강력한 힘인 하나님의 영에 관해 이야기할 때에는, 거의 항상 개인적인 관점에서 이야기한다. "영이 그 남자를 무릎 꿇렸어. 영이 그녀를 사로잡아 방언이 터져 나왔어. 그녀는 예언의 영을 받았어. 영이 그녀에게 말하나 봐. 그는 영의 열매를 맺었어."

이런 관점을 퍼뜨린 책임은 성경 자체에도 있다. 성경에 나오는 수많은 영 이야기는 개인과 관련된 내용이기 때문이다. 요셉,

브살렐, 여호수아, 기드온, 삼손, 다윗, 이사야, 예수, 베드로, 바울, 바나바. 이들 각자는 모두 영의 감동을 받은 사람이다(물론 다른 인물도 많다. 이를테면, 30명의 우두머리인 아마새[대상 12:18], 별로 알려지지 않은 인물인 야하시엘[대하 20:14]이 있는데, 이 두 사람에게도 영이 임했다). 영의 열매도 신자들 개인에 속한 덕목들이다(갈 5:22-23). 영의 은사 역시 교회 전체의 유익을 위해 주어지긴 해도, 신자들 각자에게 부여된다(고전 12-14장). 교회의 탄생에 해당하는 오순절 이야기에서조차, 영은 각 신자들에게 불 같은 혀의 모양으로 내려온다(행 2:1-4). 영은 신자들 개개인에게 특별한 영향을 미친다.

하지만 이처럼 각 개인이 영의 감동을 받는 것에 대한 강조가 성경이 말하는 전부는 아니다. 거룩한 영의 다른 차원을 발견하기 위해서 이제 또 다른 세계로 가보자. 그곳은 영이 공동체 전체를 감동시키는 세계이다. 이 이야기를 제대로 이해하려면 자신이 탐정이 됐다는 상상을 해볼 필요가 있다. 나는 학생들에게 바울서신을 소개하는 시간에 특별한 옷을 차려입곤 하는데, 당신도 나처럼 옷을 입는 상상을 해보라. 나는 학생들에게 성경 연구가 일종의 매력적인 수사 작업이라는 인상을 확실하게 줄 요량으로, 런던 포그 레인코트를 걸치고 셜록 홈즈 모자를 쓴 채 교실에 등장한다. 이 상황을 감당할 수 있다면 당신은 바울서신을 이해하기 위한 길에 들어선 것이다.

분위기를 확 깨는 믿음

　사도 바울이 탐정 놀이를 기록한 한 편지로 시작해보자. 그는 초기 교회에서 가장 왕성한 활동을 했던 작가다. 수사를 벌이다 보면 바울이 고린도전서에서 이런 말을 했다는 사실을 확인할 수 있다. "너희가 적어 보낸 문제에 대해 이야기하자면"(고전 7:1). 바울은 고린도 교인들이 그에게 적어 보낸 편지를 언급하고 있는 것이 분명하다. 애석하게도 현재 그 편지는 남아 있지 않고, (바울이 고전 5:9에서 그들에게 써 보냈다고 언급한 편지는 남아 있지 않기 때문에 사실상 고린도인들에게 보내는 두 번째 편지가 되는) 고린도전서에 그에 대한 일부 흔적이 보존되어 있을 뿐이다. 그들이 주고받은 편지 속에는 서로의 관점 차이와 관련된 많은 질문이 포함되어 있었던 것 같다. 이를테면, '인간의 몸은 어떤 형태로 부활하는가?'와 같은 질문이다. 내용이 좋은 질문이다. 그런 질문들로 보건대 고린도 교인들은 굉장히 이성적이고 진지한 신자였을 것이다.

　하지만 당신은 탐정이다. 그러니 단서를 찾아야 한다. 그렇다면 당신은 바울이 고린도전서를 집필하기 위해 양피지를 놓고 펜을 집어 들기 이전에 다른 사건이 일어났던 것은 아닌지 궁금해해야 한다. 코를 킁킁거리며 돌아다니다 보면 바울이 편지 이외의 수단으로 그들과 소식을 주고받았다는 낌새를 알아챌 것이다. 그는 이렇게 기록했다. "너희 가운데 음행이 있다는 소식을, 그것도 이방인 중에도 없는 음행이 있다는 소식을 들었다. 자기 아버지의 부인과 동거하는 사람이 있다니 말이다"(고전 5:1). 여기서 우리는 잃어버린 연결고리를 발견한다. 구두 보고다. 바울은 고린도의 교인으로부터 구두 보고를 받았다. 그렇다면 누가, 또 어떻게 그런 보고를 했을까?

이제 글로에의 사람들에 관해 알아보자. 우리는 이 편지를 제외하고는 글로에에 대해 알 길이 없다. 아마도 글로에는 이 편지를 전달한 사람이었을 것이며, 그 와중에 우리에게는 알려지지 않은 고린도 교회의 추한 행태를 어떻게든 바울에게 알렸을 것이다. 고린도 교인들은 그들이 바울에게 보낸 공손하고 점잖은 편지에는 그런 선정적인 사건을 집어넣지 않았다. 어찌됐건 글로에와 그의 사람들은 합당한 불만을 품고 있었을 것이다. 그리고 그 교회의 설립자인 바울에게는 당연히 그 내용을 알 권리가 있었다.

바울은 미끼를 꺼내 들고 이야기를 시작한다. 하지만 고린도 교인들이 보낸 편지의 내용이 아닌 글로에의 불평 내용이 출발점이다. 바울은 곧장 본론으로 들어간다. "나의 형제요 자매인 너희 가운데 분쟁이 있다는 소식을 글로에의 사람들 편에 들었다. 내 말은 너희가 '나는 바울 파다', 혹은 '나는 아볼로 파다', 혹은 '나는 게바 파다', 혹은 '나는 그리스도 파다'라는 이야기를 하고 있다는 의미다"(고전 1:11-12). 고린도 교인들이 분열이라는 진흙탕에 빠져있는 한, 바울은 그들을 영적인 사람으로 대할 수 없다. "너희 가운데 시기와 분쟁이 존재하는 한, 너희는 육신에 속한 것이며 인간적인 본성에 이끌려 행하고 있는 게 아니냐? 어떤 사람은 '나는 바울 파다'라고 말하고 다른 사람은 '나는 아볼로 파다'라고 말한다니, 너희는 한낱 인간에 불과한 게 아니냐?"(고전 3:3-4)

한낱 인간. 그리스도인이란 사람이 그저 한낱 인간에 불과한 것처럼 살고 있다니 얼마나 큰 비극인가! 이 말은 마치 '나는 한낱 아버지에 불과해', '나는 한낱 딸일 뿐이에요', '나는 그냥 친구야' 라고 말하는 것과 같다. 영화 〈네버랜드를 찾아서〉(Finding Neverland) 가 떠오른다. 극중에서 극작가로 나오는 제임스 배리(James Barrie) 는 그의 개를 마치 춤추는 곰인 것처럼 생각한다. 그가 집필하려고 구상 중이던 연극 〈피터팬〉(Peter Pan)에서 중요한 역할을 맡은 피터 르웰린 데이비스(Peter Llewelyn Davies)는 그런 상상을 거부한다. 피터는 불평한다. "말도 안 돼요. 이건 그냥 개잖아요." 배리는 그 말에 응수한다. "어떻게 그런 말을! 분위기를 확 깨버리는군. 그건 말이야, '그 사람은 그 산에 못 오를 걸, 그는 고작 평범한 사람일 뿐이야', 아니면 '그건 다이아몬드가 아니야, 그건 고작 돌에 불과해' 라고 말하는 거랑 같아. 고작!" 거룩한 영은 고린도의 교인들 안에 변혁을 불러일으켰지만, 그들은 그 변혁의 힘, 자신을 한낱 인간 정도로 만들어버릴 행태와 맞바꾸어버렸다. 어떻게 이럴 수 있단 말인가? 분위기를 확 깨는 삶의 방식 아닌가!

어떻게 해서 이렇게 된 걸까? 한낱 인간들이 당연하게 저지르는 행태들에 동참하면서부터다. 말다툼을 벌이고 시기심에 사로잡혔다. 거룩한 영의 풍성한 선물을 제멋대로 처분하고는, 한낱 인간에 불과한 것처럼 살았다. 분위기를 확 깨는 믿음의 방식 아닌가!

그리고 이러한 사정을 듣고 바울은 얼마나 절망했을까! 이렇게 말다툼과 시기심으로 치닫는 흐름을 중단시키기 위해서 바울은 세 가지 비유를 활용한다. 각 비유의 목적은 무엇보다도 고린도교회가 서로 다른 인물에게 충성을 바치는 공동체일 수 없다는 사실을 강조하는 데 있다. 그들은 밭이며, 분열의 핵심에 있는 지도자들도 일개 농부에 불과하며, 자라나게 하는 분은 **하나님**이시다. 그들은 건물이며, 지도자들은 기반을 닦는 데 기여하며, 그 기초는 **예수**이시다. 그리고 그들은 성전이며, **거룩한 영**이 그들을 채우신다. 그들 공동체의 중심은 하나님, 예수, 거룩한 영이다. 아볼로, 베드로, 바울이 아니다.

누더기가 된 성전

바울은 고린도 교인들을 향해 단도직입적으로 묻는다. "너희는 너희가 하나님의 성전이란 사실과 하나님의 성령이 너희 안에 거하신다는 사실을 알지 못하느냐?"(고전 3:16). 이 질문에서 '너희'(you)는 복수다. 따라서 '너희 모두'라는 번역이 더 좋다. 영으로 채워진 성전의 이미지가 등장하는 지점은 개인이 아닌 공동체 전체, 즉 **너희 모두**를 향한 질문 속에서다.

나는 성장하면서 내 몸이 그 거룩한 영의 성전이라는 말을 여

러 차례 반복해서 들었다. 내가 담배를 피워서는 안 되는 이유도
바로 그 때문이라고 들었다. 이 충고는 훌륭한 조언이었다. 내가
한 번도 담배를 입에 대지 않은 것은 정말이지 다행이다. 하지만
이 충고에서 우리는 사람들이 공동체에 관한 성경 본문을 얼마나
쉽게 개인에게 적용하는지 볼 수 있다. 유명한 오순절주의자인 케
네스 해긴(Kenneth Hagin)이 쓴 책 『성령과 성령의 은사들』(The Holy
Spirit and His Gifts)도 그런 사례다. "상대적으로 소수의 그리스도인
만이 그들 **안의** 하나님을, 즉 그분의 성전인 그들의 몸과 마음 안
에 거하시는 하나님을 실제로 인식한다"(26). 이상한 사실은 해긴
이 그런 이야기를 할 때 인용하는 성경 본문이 고린도전서 3:16의
AMP(Amplified Version)인데, 이 번역은 명백하게 성전을 공동체 전
체로 규정한다는 사실이다. "너희는 너희[고린도의 교회 전체]가 하나
님의 성전[그의 성소]이라는 사실과 하나님의 성령이 [한 교회라는 집단
으로 또한 개인으로] 너희를 집으로 삼기 위해 너희 안에 그분의 영원
한 처소를 마련하셨다는 사실을 간파하지 못하느냐?"

우리는 그 거룩한 영의 공동체적 차원을 잃어버렸다. 그래서
끊임없이 새로운 교파들이 등장하고 교회들이 분열되는 상황을
마주해도 우리는 별다른 감흥을 느끼지 못한다. 내 친구 중에는 부
모님이 남아프리카에서 선교사로 계신 친구가 하나 있다. 이 친구
는 냉소가 담긴 농담을 하곤 한다. "분열이야말로 교회 성장의 최
선의 수단이지!" 우리 중 다수는 교회와 교파의 분열에 익숙해져
있다. 내 어릴 적 교회인 그리스도 교회(Christian Church)는 예배 시

간에 악기를 사용하는 문제 때문에 형제 격인 그리스도의 교회 (Church of Christ)와 갈라섰다. 대다수는 이 문제가 궁극적인 중요성 을 지닌 문제가 될 수 없다는 사실에 동의할 것이다. 하지만 이런 문제 때문에도 충분히 분열이 일어나 새로운 두 교파가 생겨난다.

분열의 촉수는 방향을 가리지 않고 무차별적으로 뻗어 나간다. 내가 아직도 생생하게 기억하는 장면이 하나 있다. 12살 때 우리 마을 건너편에 살던 친구 한 명이 우리 교회에 온 적이 있는데, 그 친구는 천주교 신자였다. 그 친구는 막상 교회 앞에 오자 마치 절 벽 끝에 서 있는 사람처럼, 마치 유령이라도 본 사람처럼 현관문까 지 가는 것도 거부하고 꼼짝 않고 버티는 것이었다. 그 친구는 천 주교인은 개신교 교회당에 발을 들여서는 안 된다고 털어놓았다.

더 최근의 일도 있다. 나는 동성애 논란 때문에 교회에 분열이 일어나는 모습도 보았다. 그때 1/5 정도의 성도가 교회를 떠났고, 떠난 사람들 가운데 다수는 교회에 남은 사람을 향한 증오로 가득 찼다. 그때 솔직한 대화를 위한 회의가 열렸는데, 나는 그 회의에 서 두 여자 성도 앞에 앉아 있었다. 두 사람 모두 교회에서 지도자 위치에 있었고 열정이 넘치는 그리스도인이었다. 하지만 이날 밤 그들은 회의 시간 내내 그동안 많은 것을 함께해 온 다른 성도를 향한 폭언과 노골적인 이야기를 서로의 귀에 속삭였다. 이 상황이 당황스럽게 들릴지도 모르겠다. 사실 지금의 나도 여전히 당황스 럽다. 하지만 나는 분명히 그들의 불붙은 분노를 감지할 수 있었 다. 나는 의자에 앉아 이 와해된 공동체의 말에 귀를 기울이면서 이 공동체의 에너지가 열띤 전투 와중에 증발해버렸다고 느꼈고, 그러는 동안 그 분노의 불꽃에 내 마음도 데이고 말았다.

분열은 정말 크나큰 비극이다. 어떻게 교회가 그렇게 잔인할 수 있는가! 서로 타협하지 못하고 분열을 일삼다니 정말 한낱 인간에 불과한 모습이다. 바울도 이 사실을 알았다. 그는 서로 다른 지도자를 중심으로 분열이 일어나고, 무분별하게 파벌에 가입하고, 지혜롭다고 자처하는 주장을 믿고 비공식적인 동맹을 일삼는 모습(이 모든 것이 불행한 고린도 교회의 특징이었다)을 도저히 참을 수 없었다. 그래서 그들에게 물었다.

> 너희는 너희가 하나님의 성전이란 사실과
> 하나님의 성령이 너희 안에 거하신다는 사실을 알지 못하느냐?
>
> 누구든지 하나님의 성전을 파괴하면,
> 하나님이 그 사람을 파괴하실 것이다.
>
> 하나님의 성전은 거룩하기 때문이며, 너희가 곧 그 성전이다.
> (고전 3:16-17)

이 본문은 수사적으로 샌드위치 구성이다. 샌드위치의 빵 부분(1행과 3행)은 고린도 교회의 모습을 설명한다. 곧, 그들은 영으로 채워진, 거룩한 성전이다. 샌드위치의 치즈 부분(2행)에는 구약의 법률 형식으로 제시된 가혹한 심판이 들어있다. "만약 누군가 구덩이를 덮지 않고 열어두어 … 소나 나귀가 거기에 빠지면, 그 구덩이의 주인이 보상해야 할 것이다"(출 21:33-34). 이 법률을 보면 구체적인 범죄에는 **심지어** 구덩이를 덮어두는 일을 깜빡 잊는 것 같은 **무심코 저지른 범죄에도** 분명한 결과가 뒤따른다. 이 법률 형식은 고린도 교회 안의 상황이 얼마나 심각한지 도장을 찍는다. 고린도 교인들이 그들의 범죄 혹은 그 범죄로 인한 결과를 인식하고 있는지는 중요하지 않다. 그들은 분열이라는 구덩이를 파고 그 속에 빠졌으며, 그 대가를 치를 것이다.

그리고 그 대가는 섬뜩하다. 분열을 조장한 사람은 완전히 파괴될 것이라는 처벌을, 자기 아버지의 아내와 동침한 사람에게 내려진 처벌과 비교해보라. 후자의 경우는 일시적으로 추방되는 처벌이어서, 나중에 다시 공동체로 돌아올 가능성이 남아 있다(고전 5:1-8). 하지만 교회 분열을 초래한 사람에게는 훨씬 더 가혹한 처벌이 내려진다. 그들은 심각한 타격을 입거나 파괴되어 교회를 갈가리 찢어 놓았듯이 찢길 것이다. 사실 나에게는 다툼과 시기로 가득한 사람의 이야기보다는 이상한 성적 행동을 보인 남자의 이야기가 더 끔찍하게 다가온다. 이 사실은 내가 공동체의 분열보다는 개인적인 죄에 더 민감함을 보여준다. 바울은 둘 다에 민감했다. 바울은 고린도의 교인들에게 당파와 다툼과 질투와 분열을 일삼느라 하나님의 하나 된 성전을 파괴하는 일을 멈추라고 경고한다. 그렇지 않으면 그들은 파괴되고 말 것이다. 파당을 짓는 그들의 모습은 사소하거나 하찮은 일이 아니다. 그것은 범죄이며 재앙을 초래할 것이다.

하나님의 영이 성전 전체를 채우지 않고 성전의 한 부분에만 거하신다고 믿다니 얼마나 어리석은가! 솔로몬 왕의 성전 봉헌식 장면을 생각해보라. "구름이 주의 성전을 가득 채워 제사장들이 그 구름 때문에 서서 일을 볼 수 없을 정도였으니, 주의 영광이 주의 집을 가득 채웠기 때문이다"(왕상 8:10-11). 구름이 너무 자욱해서, 영광이 너무 가득 차서, 제사장들은 성전에서 해야 할 직무조차 처리할 수 없었다. 솔로몬의 성전 내부에도 여러 구역이 있다. 지성소와 성소, 현관, 골방, 그 외에도 여러 뜰이 있다. 영광의 구름이 골방은 채웠지만 지성소는 채우지 않은 광경을, 지성소는 채웠지만 현관은 채우지 않은 광경을 상상해보라. 그런 구름은 몹시도 작은 규모이며, 별다른 감흥을 불러일으키지 못할 것이다. 한두 개의 방 정도만 채울 정도로 작은 규모다. 교회 하나 정도는 채우겠지만 그 외에 다른 교회는 채우지 못할 것이며, 교파 하나 정도는 채우겠지만 그 외에 다른 교파는 채우지 못할 것이다.

고린도 교회의 성전은 분열됐고, 그들은 하나님의 영광을 조그마한 구름 정도로, 거룩한 영을 하나님이 거하시는 주머니 정도의 임재로 이해했다. 바울은 하나님의 영이 교회 내부에 여기저기 분산되어 있는 주머니 안에 거하시지 않는다는 사실을 이해하라고 촉구한다. 그 영의 임재는 자기가 우월한 지혜를 지니고 있다고 목소리를 높이는 특정 주장 안에, 또는 최고의 목사 안에, 또는 가장 인상적인 영적 은사를 내세우는 파벌 안에 제한할 수 있는 성질의 것이 아니다. 신격화된 분파를 만들려고 시도하는 사람이 있다면, 그는 교회라는 직물을 갈가리 찢고 있는 꼴이다. 바울에 따르면 그 영을 분배해서 교회의 각 부분에 나누어준다는 생각은 완전히 불가능하다.

비범한 하나 됨

이제 셜록 홈즈 모자를 벗고, 대신 햇빛 가리개 모자를 쓰고 고고학자 흉내를 내보자.

때는 1947년이다. 베두인 목동 하나가 사해의 북서쪽 해안에 있는 동굴들에서 고대 두루마리 뭉치를 발견했다. 그곳은 예루살렘에서 동쪽으로 20km 정도 떨어진 곳으로, 과거 유대인의 정착지였던 키르베트 쿰란에서 엎어지면 코 닿을 거리였다. 키르베트 쿰란은 불모의 땅 한구석에 존재했던, 고작해야 축구장 하나 정도 면적의 작은 정착지였다. 하지만 '빛의 아들들', 즉 그곳에 거주했던 작은 유대인 공동체에게는 그 사막 지역이 에덴동산이요 성소이며 성막이었다. 쿰란 거주자들은 200년이 넘는 기간 동안 격리된 공동체로서 삶을 영위하다가, 주후 68년에 로마의 침공으로 괴멸됐다. 이때 그중 몇몇 신실한 사람이 그들의 두루마리를 언덕으로 가져다가 도자기에 쑤셔 넣고는 절벽 쪽에 있는 동굴에 두었다.

이 두루마리들은 로마 제국보다 1500년 이상 더 오래 살아남았고, 로마인이 상상도 못 했을 세상의 박물관에 그 모습을 다시 드러냈다.

사해 근처의 이 동굴들을 자세히 들여다보면, 고린도 교인들이 마땅히 되어야 할 모습이라고 바울이 생각했던 모습을 담고 있는 거울을 발견할 수 있다. 쿰란 공동체의 지도자 집단은 '영원한 나무요, 이스라엘을 위한 거룩한 집이며, 아론을 위한 지성소의 기반'이었다. 쿰란 공동체의 지도자들을 묘사하는 이 표현 속에 바울이 사용한 세 가지 비유가 모두 들어있다. 나무를 심는 비유 혹은 땅에 관한 비유, 튼튼하게 건축된 건물 비유, 성전의 지성소 비유가 그것이다.

'살아있는 영적인 성전'에서 '영으로 가득 찬 성전'으로 넘어가는 문턱은 그리 높지 않은데, 쿰란 공동체는 이 낮은 문턱을 넘어갔다. 그들은 "번제로 드리는 고기 살점이 없이도, 희생 제물의 기름기가 없이도 … 불법의 죄를 속죄할 수 있도록 거룩의 영을 진실로 영원히 확립하는 것"을 그들의 목표로 이해했다. 이 작은 유대 공동체는 그들의 행위 안에 '거룩의 영'(spirit of holiness: '거룩한 영'[holy spirit]의 히브리식 표현)이 임재하는 것을 영적인 성전으로 인식했다. 예루살렘에서 불과 기름으로 드리는 제사가 없이도, 이제 이 영적 성전에서 참된 희생 제사가 드려진다.

쿰란 공동체에서는 1년에 한 번 새로운 사람이 이 공동체의 일원으로 받아들여지는 의식을 오순절 축제 기간에 거행했다. 이 의식에 관한 기록을 보면, 쿰란 공동체 사람들이 그 영의 공동체적 임재를 얼마나 예리하게 감지했는지 확인할 수 있다. 그들은 심지어 **'공동체의 거룩한 영'**에 관한 이야기까지 한다.

> 이제껏 인류가 걸어온 길과 그들의 모든 불법이 속죄되어 그들이 생명의 빛을 볼 수 있게 되는 것은 하나님의 참된 보혜사(counsel)의 영을 통해서다. 그리고 사람의 불법이 깨끗하게 제거되는 것은 그 공동체의 거룩한 영에 의해서, 그 진리 안에서다. 또한 정직과 겸손의 영에 의해서 그들의 죄가 사해진다. 그리고 그들의 영혼이 하나님의 모든 율법에 순응함으로써, 그들에게 정결케 하는 물이 뿌려지고 그들이 회개의 물로 거룩해짐으로써, 그들의 육체가 정결해진다.

이 작은 신자 집단은 거룩한 영이 임재하는 영역을 **전체로서** 공동체의 내부로 또한 각 개인의 내부로 보았다. 그리고 이 영의 임재는 그 공동체와 그 내부의 각 사람에게 다음과 같은 믿음의 필수적인 특성들을 부여했다.

> 진리, 빛, 정결, 정직, 겸손, 거룩, 공동체

그렇다. 공동체, 영으로 채워진 공동체, 영으로 가득한 성전, 새롭게 세례받은 자들의 요람, 새로이 헌신한 자들의 모임.

이제껏 내가 경험한 모든 교회에서는 세례 예식을 거행할 때 각 공동체에 아무리 작더라도 어떤 역할을 부여했다. 각 성도는 자신의 신앙을 확정하면서 새롭게 세례를 받은 사람이 신앙적으로 성장하는 데 도움을 주겠다고 서약한다. 비록 큰 부분은 아니지만 이 순서를 통해 우리는 이 새내기 신자의 믿음이 공동체에 의존하고 있다는 사실, 말하자면 신자로 구성된 이 집단에서 나와 어깨를 나란히 하고 서 있는 사람들에게 의존하고 있다는 사실을 최소한 인식하게 된다. 이제 당신은 사해문서 속에 포함된 내용을 알게 됐으니, 아마도 당신의 신앙을 확정하고 세례를 받는 이 소년 혹은 소녀, 여성 혹은 남성이 신앙의 성장을 이루는 데 도움을 주겠다고 결심하는 시간 이상의 목적으로 세례 예식을 이용할 수 있을 것이다. 아마도 당신은 자신의 상태를 점검하기 위한 시간으로 세례 예식을 이용할 수도 있을 것이다. 세례 예식이 진행되는 동안 혹은 그 후에 시간을 마련해서 다음과 같이 자문해보라. '나는 그 진리를 잘 간직하고 전달해왔는가?' '나는 그동안 겸손한 모습으로 살아왔는가?' 이 정도로 끝이 아니다. 그 거룩한 영이 당신이 속한 공동체를 어떻게 채워왔는지 당신의 경험을 돌이켜보라. 여기 더 시급한 질문들도 있다. '나는 혹시 다른 모임을 무시하거나 배제하는 소모임에 참여하고 있지는 않나?' '질투심에 굴복한 적은 없는가?' 혹은 '나는 농부이신 하나님께서 돌보시는 밭의 일부가 맞는가?' '나는, 내 전부는 예수를, 오직 예수만을 기반으로 삼은 건물인가?' '내 공동체는 구석구석 거룩한 영으로 채워진 성전, 지성소

인가?'

공동체를 마음에 받아들이기

우리는 두 공동체를 살펴보았다. 하나는 그리스의 연안항 관문에 있던 생동감 넘치는 공동체였고, 다른 하나는 사해 근처의 고립된 소수 집단 거주지에 있던 공동체였다. 이 둘은 서로 완전히 다른 공동체였음이 확실하다. 사해 옆에 작지만 견고한 집단 거주지를 구축했고 그들의 평화로운 삶을 로마가 위협해왔을 때 그들의 두루마리를 동굴에 숨겼던 사람들은 거룩한 영이 그들의 공동체 전체에 감동을 준다고 이해했다. 하지만 공동체의 일치에 대한 그들의 이해에는 근본적인 결점이 있었다. 쿰란 공동체의 일치에서 근간이 됐던 요소는 구성원 간의 균등성(uniformity)이었다. 즉, 쿰란의 구성원 모두는 유대인이었다. 그들은 모두 권리를 박탈당한 유대인으로서, 예루살렘의 제사장들에 반대하여 모여든 사람들이었다. 또한, 대부분이 남성이었다. 이 남성 유대인들은 2-3년간의 엄격한 입회 기간을 거쳤다. 그들은 그 공동체의 구성원 신분을 확보한 이후에도 엄격한 체벌을 받기도 했다. 그 모임을 경멸한 사람은 3개월 동안 추방당한다. 타인 앞에서 불필요하게 옷을 벗고 다닌 사람은 6개월 기간의 처벌을 받는다. 다른 구성원에게 모욕을 준 사람은 1년 동안 처벌을 받고 공동 식사에 참여하지 못하며, 심지어 공동체 전체를 모욕한 사람은 영원히 추방되어 다시는 돌아오지 못한다. 공동체의 일치가 이처럼 통제된 획일성과 추방의 위협을 통해 획득되는 경우라면, 일치를 유지하고 거룩한 영으로 충만한 성전으로 사는 것이 심하게 어렵지는 않았을 것이다.

우리가 사해문서를 통해 배우는 사실은 거룩함이 획일성의 결과물이어서는 안 된다는 것이다. 쿰란의 구성원들은 그들 자신들 외의 모든 사람들에게, 심지어는 다른 유대인에게도 잔인한 태도를 보였다. 그들이 가진 그릇된 관점에 따르면 거룩한 영의 사역은 통일성에 다양성의 숨을 불어 넣기보다는 획일성과 동일성을 만들어낼 뿐이다.

이런 면에서 쿰란 공동체는 고린도 교회와 다르다. 고린도 교회는 선교 지향의 교회였고, 끊임없는 확장의 의도를 가지고 있던 초기 기독교의 산물이다. 그리스 해안의 이 공동체 안에서는 부자와 가난한 사람이 함께 공동체 식사를 했다. 이 공동체 소속의 사람 가운데에는 과거 로마 제국에 충성했던 군인도 있었고 노예도 일부 있었다. 부유한 도시인도 있었는데, 개중에는 같은 공동체에 속한 노예의 주인도 있었을 것이다. 이러한 차이들(그리고 이러한 차이들이 초래했을 긴장들)은 고린도 교회 안에 매우 복잡한 사회 구조(그리고 틀림없이 분열상)를 낳았고, 이 구조는 고린도를 감염시켰다. 바울은 이런 상황을 듣고 마음이 급해져서 그들이 영으로 채워진 성전이라는 사실을 상기시키는 편지를 써야 했다.

사해 근처에 군집했던 폐쇄적인 작은 분파에도 나름의 결점이 있었지만, 그런 그들과 비교해도 고린도 교회의 문제는 더 심각했다. 고린도 교회는 서로 다른 지도자를 내세우며 경쟁했다. 그들이 영적인 은사라고 부른 것들(가르침, 치유, 구제) 가운데 어느 것이 최고인지 따지며 서열을 정했고, 그런 행태로 인해서 뼈가 부러지고 절름발이가 됐다. 고린도 교회에는 거룩함을 향한 굶주림이 없었다. 도리어 부끄러울 정도의 도덕적 잘못이 눈앞에서 곪아 터지도록 내버려뒀다. 사해문서에서 선명하게 확인했던 비유인 성전 비유는 바로 이 잘못에 대한 맞춤 답변이다. 영으로 채워진 성전의 비유, (공동체의 거룩이 그저 개인의 거룩을 초월하는) 단합된 공동체의 비유는 불화를 조장하는 고린도 교회의 (그리고 현시대의) 패거리 문화를 향한 직접적인 비판이다.

이제 고고학 탐사를 마무리하자. 다시 천막으로 돌아가 손을 씻고 불을 피우고 우리가 발견한 내용을 검토해보자. 우리가 발견한 것은 무엇인가?

1. 사해문서에 따르면 영의 임재는 **영원한 진리**에 달려있다. 고린도 교인들은 방언하는 데 정신이 팔려 "열매 맺지 못하는 마음"(고전 14:14)을 가져올 뿐인 경험에 집착했기 때문에 이 진리를 마음에 품지 못했다. 바울은 그들이 몰두했던 일에 동참하지 않았음이 분명하다. 그는 편지가 무르익기 전까지는 고린도 교인들이 치켜세웠던 행위와 방언의 은사에 대해 이야기하지 않는다. 대신 그는 그들 전부에 대한 이야기로, 말하자면 하나님의 밭, 예수 위에 세워진 건물, 영으로 채워진 성전 이야기로 시작한다. 이 책의

마지막 장에서 살펴보겠지만, 나중에서야 바울은 고린도 교인들을 향해서 영적 은사가 가치 있는 것은 오직 그 은사들이 공동체 전체의 성장과 덕성의 함양(**진리 안에서의** 교육)에 이바지할 때뿐이라고 가르친다.

2. 쿰란 공동체는 파악했지만 고린도 교회는 파악하지 못했던 내용이 또 있다. 즉, 그 영은 능동적으로 역사해서 정결케 하는 일을 한다. 그 영은 거룩의 영이었지만, 고린도 교인들은 자기 아버지의 아내와 동침한 남자를 문제없다고 승인해 주고 파벌을 만드는 데 정신을 파는 등 그들이 절대 정결하지 않다는 사실을 드러냈다. 이처럼 거룩한 영과 일상의 삶이 분리되는 상황은 위험천만하다. 나는 학생들과 이러한 개념에 대해 논의한 적이 있다. 학생들은 각자의 교회 안에서 거룩한 영은 일상의 삶이 아닌 특별한 사건들, 이를테면 수련회, 사경회, 주일 예배 등과 연결되어 왔다고 이야기했다. 그들은 모두 그 특별한 순간들과 그들의 일상을 어떻게 연계시켜야 할지 모르겠다는 점에서 의견이 일치했다.

바울은 거룩한 영과 일상생활을 연결한다. 그는 데살로니가의 그리스도인들에게 보낸 편지에서 이렇게 기록했다. "이것이 하나님의 뜻이니, 너희의 성결함이다. 말하자면 너희는 성적 음란을 피해야 한다. … 왜냐하면 하나님은 우리를 음란이 아닌 거룩함으로 부르셨기 때문이다. 따라서 이를 저버리는 사람은 누구나 인간의 권위가 아닌 하나님을 저버리는 것으로, 그분은 또한 너희에게 그분의 거룩한 영을 주신 분이다"(살전 4:3, 7-8). 이 가르침은 드문 사건들, 기독교의 관례들, 주일 예배, 여름 수련회, 성령 사경회에 관한 내용이 아니다. 이 충고는 일상의 투쟁에 관한 내용으로 성적인 면에서 신실해야 한다는 것이다. 바울은 성적인 행동을 절제하려는 끊임없는 투쟁 한가운데서도 하나님께서 은혜를 베푸신다는 사실을 보여주기 위해, 심지어 일상적인 언어 용법에도 변화를 준다. 일반적으로는 '하나님이 너희에게 성령을 **주셨다**'는 식으로 과거 시제를 썼을 내용이지만, 성적인 거룩함에 관해 말할 때는 '하나님이 너희에게 성령을 **주신다**'라고 쓴다. 바울은 일상의 영성과 확고한 성적인 충실성을 계속해서 주어지는 거룩한 영의 선물로 돌린다.

3. 마지막으로 이 장의 핵심 요점으로 다시 돌아가자. 그 영은 공동체 안에 존재하는데 신자 개인 내부에 존재하는 것과는 상당히 다른 방식으로 존재한다. 전체가, 그 거룩한 전체가 부분보다 더 크다. 쿰란 공동체는 이 사실을 파악하고 있었다. 하지만 배타적으로 그들 자신만을 위한 내용으로 변질시켰다. 고린도 교인들은 이 사실을 전혀 파악하지 못했으니, 질투와 말다툼을 일삼고, 자기가 선호하는 지도자를 따라 분열을 초래했다. 심지어 그들은 영적 은사들에 상대적 가치를 매기고 그에 따라 영적인 서열까지 만들어냈다.

나는 오늘날 우리에게, 특히 서구 교회 안에 그와 같은 문제가 존재한다는 사실이 그리 놀랍지 않다. 서구 교회는 개인주의 문화의 후예이기 때문이다. 불행하게도 우리 중 다수는 거룩한 영을 그

문화에 예속시키는 죄를 범했고, 우리 공동체는 개인의 성령 체험에 사로잡힌 결과로 위축되고 말았다.

이 문제에 대한 해결책으로서 우리는 (지역 교회든지 보편 교회든지) 교회가 영으로 채워진 성전이라는 단순한 진리를 파악해야 한다. 이 비유에 따르면 그 거룩한 영은 개인의 소유가 아니라, 개인의 범위를 넘어서는 영역에 생명을 주는 존재이다. 그 광야의 공동체는 이해했지만 고린도 교회는 이해하지 못했던 사실은 하나님의 집이 분열되어서는 안 된다는 것, 경쟁으로 인해 곪아 들어가거나 분열로 인해 만신창이가 되거나 서로 간의 차이를 오해함으로 인해 약화될 수 없고 또한 약화되어서도 안 된다는 것이었다.

우리는 개인의 자율성으로 인해 거룩한 영의 영역이 축소되지 않도록 주의해야 한다. 거룩한 영은 생명과 거룩함으로 성전을 채운다. 영이 지닌 이러한 차원을 무시하면 각 개인의 기호를 중심으로 하는 기독교가 등장한다. 고린도 교회의 경우에는 특정 지도자를 선호하는 위험스러운 분위기가 문제였다. 이런 결과가 거룩한 영에게 작용하면 어떻게 될까? 분열이 발생한다. 바울이 전적으로 거부했던 그 분열 말이다. 부끄러워서 도저히 고개를 들 수 없는 현실인 교회 안의 분열 말이다. 바울은 분열을 혐오했다. 그리스도인들은 영으로 채워진 성전이다. 영으로 채워진 성전 안에 포함된, 영으로 채워진 방 하나 정도가 아니다. 그저 한 개인 안으로 축소될 존재가 아님이 분명하다. 성전은 영의 부재로 텅 비어 있는데 각자는 영으로 채워진 제사장일 수 없다. 심란해진 바울이 묻는다.

"너희 모두는 너희 모두가 하나님의 성전이라는 사실과 하나님의 성령이 너희 모두 안에 거하신다는 사실을 알지 못하느냐?"

제6장
에스겔의 골짜기

이 장을 읽기 전에 숙지해야 할 성경 본문

- 에스겔 37:1-14
- 사도행전 11:19-30
- 사도행전 13:1-4

월리 아저씨의 목소리는 감미로웠다. 주일 아침마다 우리 교회는 그의 달콤한 목소리로 가득 채워졌다. 하지만 그를 제외한 나머지의 목소리는 거칠고 꺼끌꺼끌했다. 우리는 경직된 진심이 섞인 뉴욕 사람 특유의 억양으로 익숙한 옛 찬양을 껄끄럽게 불러댔다. 월리 아저씨는 나이가 많았다. 어린 소년의 눈에 나이 들어 보이는 정도가 아니라 정말로 나이가 많았다. 하지만 그의 노래는 정말 대단했다. 그는 여섯 명으로 이루어진 합창단을 혼자 이끌다시피 했다. 나는 월리 아저씨와 임시 합창단석의 뒷줄에 앉아서 비밀 이야기를 나누곤 했는데, 그럴 때면 그도 마치 열두 살 어린아이인 것처럼 함께 웃었다. 월리 아저씨에게는 다른 이야기가 있다. 그는 흑인이었다. 말하자면, 테너 파트를 소화할 능력이 전무한 열두 살짜리 백인 소년과 천사도 감동할 목소리를 지닌 흑인 노인이 거기 함께 있었다. 우리는 더불어 한 공동체였다. 윌리 아저씨와 나 말이다. 우리 각자가 개인으로서 일으킬 수 있는 것보다 훨씬 더 많은 일이 우리 사이에 일어나고 있었다. 나이나 얼굴색이 우리가 친구가 되는 데 방해물이 될 수 있다는 생각은 전혀 들지 않았다.

예수는 이렇게 말씀하신 적이 있다. "두세 사람이 내 이름으로 모인 곳에는 나도 그들 중에 있다"(마 18:20). 이 말씀은 복음서 안에서 교회, 즉 '에클레시아'가 언급되는 두 부분 중 한 부분(마 18:17, 나머지 한 부분은 마 16:18이다) 근처에 등장한다. 예수가 제자들에게 상기시키려 했던 내용은 다음과 같다. 곧, '그가 두세 명 사이에 현존할 수 있다면 그는 당연히 교회 안에도 현존한다.' 그의 말씀은 크든 작든 공동체라는 실제를, 그리고 그 공동체 안에 있는 그의 현존을 우리에게 일깨운다.

앞 장에서 우리는 거룩한 영이 공동체 안에 존재한다는 사실을 파헤쳐 보았다. 영이 개인의 세계를 초월하여 활동한다는 사실을 분명하게 확인했으니, 이제 더 자세한 질문을 던질 수 있다. 영은 전체로서 공동체 안에서 어떻게 역사하는가? 공동체는 충만한 영을 받기 위해 어떤 준비를 할 수 있는가? 이 장에서 우리는 두 종류의 공동체, 즉 '황폐한 공동체'와 '활기찬 공동체' 안에서 영이 행하는 사역을 꼼꼼하게 살펴봄으로써 이 질문에 답하고자 한다. 이 두 공동체 사이에는 500년이라는 세월과 수백 킬로미터라는 거리가 존재한다. 하지만 우리는 이 두 공동체를 통해서 어떻게 영이 죽은 공동체에 다시 생명을 불어넣는지, 또한 활기찬 공동체에 영이 가득 채워지면 어떤 모습이 될지에 대한 통찰을 얻을 수 있다.

황폐한 공동체

바벨론의 혹독한 침략이 휩쓸고 지나간 주전 587년 이후 이스라엘은 산산조각이 났다. 성전은 파괴됐다. 왕은 포로로 끌려갔다. 땅은 점령당했다. 파멸이라는 상황 속에서 시적인 고뇌의 뿌리가 자라났다. 예레미야애가 속에는 알파벳두운시(acrostic poem: 각 행이 순서대로 히브리어 알파벳으로 시작하는 시)가 포함되어 있는데, 이 시는 황량한 현실을 생생한 심상으로 묘사하고 있다.

> 하나님께서 자갈로 내 이를 부수시고
> 나로 잿더미 속에 웅크리게 하셨다. (애 3:16)

이스라엘의 시편 속에는 고통과 갈망을 담은 잊을 수 없는 표현들이 들어 있다.

> 바벨론 기슭,
> 그곳에 앉아 시온을 기억하며

눈물 흘렸다.

그곳 버드나무 가지에

우리의 수금을 걸어놓았다. (시 137:1-2)

에스겔이 선지자로 부름 받은 장소가 바로 그곳, 바벨론의 강가였다. 그는 이 구슬픈 이스라엘의 합창에 예언의 말을 덧붙여야 했다. 바벨론은 비참한 10년의 기간 동안 이스라엘을 잠식해 들어왔고 예루살렘이 함락되기 전 수년 동안 이스라엘 백성은 포로가 되어 바벨론으로 끌려갔다. 그런 시기에 에스겔은 우리에게 말한다. "주의 손이 내게 임하여 주의 영으로 나를 데리고 나가 한 골짜기 가운데 두셨다. 그곳은 뼈로 가득했다"(37:1). 그 영은 마치 바람처럼 (물리적인 의미에서가 아니라 환상 가운데서) 에스겔을 데려가 한 골짜기 가운데 내렸다. 그곳에는 햇볕에 탈색되고 말라 비틀어진 뼈들이 시간의 모래 위에 즐비하게 널려 있었다. 제사장인 에스겔은 죽은 자의 뼈와 접촉하면 안 된다. 하지만 그런 절차에 대한 염려, 정결의 문제가 그를 멈추지 못했다. 그는 뼈 사이를 두루 돌아다녔다. 왜냐하면, 죽음의 골짜기 가운데 출몰하여 울리는 이스라엘의 애가 소리에 사로잡혔기 때문이다. "우리의 뼈들은 말랐고, 우리의 소망은 없어졌으며, 우리는 완전히 끝장났다"(겔 37:11). 에스겔은 즉시 그를 둘러싼 뼈들을 가늠해보았다. 뼈가 **심히 많았다**. 그런데 **완전히 말랐다**. 철저한 죽음의 상태였다.

그렇지만 그 영이 그를 데려다 둔 곳이 바로 이 죽음의 골짜기다. 그 영이 가장 기이한 행위, 생명을 일으키는 행위를 이루어내실 곳이 바로 이 골짜기다. 이 심히 많은, 완전히 마른 뼈들 가운데서다. 에스겔은 이 골짜기에서 소망을, 성령 곧 '루아흐'의 능력 안에 있는 소망을 발견한다. "또 그가 나에게 이르셨다. '이 뼈들을 향해 예언하라, 이 뼈들에게 말하라. 오 마른 뼈들아, 주의 말씀을 들어라. 주 하나님께서 이 뼈들에게 말씀하신다. 내가 루아흐로 너희 안에 들어가게 할 것이니, 너희가 살 것이다. 내가 너희 위에 힘줄을 놓고, 살을 입히고, 피부로 덮고, 너희 안에 루아흐를 넣을 것이니, 너희가 살 것이다. 또 너희는 내가 주라는 사실을 알 것이다"(겔 37:4-6).

에스겔은 이러한 말들로 죽음의 정점 너머에 있는 세상을 응시한다. 그 세상은 뼈들이 달가닥거리는 소리를 내면서, 새로운 힘줄이 마치 식탁보처럼 뼈 위에 놓이고, 그 힘줄 위에는 살이 겹겹이 쌓이고, 그 살을 피부가 덮는 곳이다. 이 달가닥거리는 소리 가운데서 에스겔은 중요한 내용을 배운다. 즉, 오직 영만이 부활의 숨을 불어 넣을 수 있고, 죽은 자들에게 생명을 가져다줄 수 있다. 그렇지 않다면 이 소리는 그저 소음일 뿐이다. 그런데 그 영은 일거에, 순식간에, 눈 깜짝할 사이에 부활을 일으키지 않는다(이 사실에 주목하라).

이스라엘은 연속되는 사건을 통해서, 생명을 일으키는 장기간의 연속되는 사건을 통해서 그 영을 받아야 한다. 다른 말로 하면, 공동체의 치유를 향한 여정에는 일회성인 생명의 폭발 혹은 숨을 불어 넣는 단일 행위 이상의 것이 요구된다. 오염되지 않은 에덴동산에서 하나님께서 진흙 덩어리에 숨을 불어 넣자 곧바로 인간이 됐던 것과는 다르다. 에스겔의 환상에는 고의적인 지연이 존재하며, 여기서 이스라엘이 그 영을 받기 위한 과정은 몇 단계로 구분되어 일어난다.

> 내가 영으로 너희 안에 들어가게 할 것이니, 너희가 살 것이다.
> (겔 37:5)

> 내가 너희 위에 힘줄을 놓고, 살을 입히고, 피부로 덮고, 너희 속에 영을 넣을 것이니, 너희가 살 것이다. (겔 37:6)

> 그래서 나는 명령을 받은 대로 예언했다. 그러자 내가 예언한 대로, 갑자기 달가닥거리는 소리가 나면서, 이 뼈에 저 뼈가 붙어 뼈들끼리 서로 연결이 됐다. 내가 보고 있는데, 그 뼈들 위에 힘줄이 생기고, 살이 오르며, 그 위에 피부가 덮였다. 하지만 그 속에 영은 없었다. (겔 37:7-8)

> 또 그가 나에게 말씀하셨다. "숨을 향해 예언하라, 너 사람아, 그 영에게 말하라. 주 하나님께서 이렇게 말씀하신다. 사방에서 불어와라, 오 영아, 이 살해당한 자들에게로 불어 들어가 그들로 살게 하라." 그가 나에게 명령한 대로 나는 예언했고, 그 영이 그들

에게 들어가니 그들이 살았고, 두 발로 일어나 엄청난 무리가 됐
다. (겔 37:9-10)

이 일이 일어난 순서는 다음과 같다.

- 영의 약속. 그다음에는,
- 힘줄과 살과 피부와 영-숨의 약속. 그다음에는,
- 뼈들이 달가닥거리며 합쳐짐. 그다음에는,
- 힘줄과 살이 붙으면서 몸이 회복됨. 그다음에는,
- 여전히 생명은 없음. 영-숨이 없음. 그다음에는,
- 숨이 불어 넣어짐. 지상의 사방에서 영-숨-바람이 몰려옴.

휴! 황폐한 공동체를 되살리기 위해서 하나님께서 행하셔야
하는 모든 일을 보여주는 에스겔의 엄숙한 환상을 파악하려고 노
력할 때, 나는 숨을 죽이고 가만히 있기가 힘들다.

우리 대부분은 황폐한 공동체에 관한 이야기를 들어본 적이
있다. 우리 중 일부는 심지어 그런 공동체에서 산 적도 있다. 지도
층의 부도덕으로 인해 의의 허식이 산산조각 난다. 떳떳하지 않은
재정상의 관습들로 인해 진실성이 훼손된다. 사람들 사이의 말다
툼으로 신뢰가 사라진다. 교리상의 논쟁으로 상처는 깊어간다. 재
정 불확실성 때문에 안전한 미래를 향한 약속이 무력화된다. 홍수
와 지진 같은 온갖 자연재해로 인해 전반적인 삶의 기틀이, 또한

생명들이 송두리째 사라진다. 폭력은 우리 심장부를 뒤흔든다. 무엇이 공동체의 생기를 빼앗아가는지는 핵심 문제가 아니다. 정말로 중요한 문제는 하나님께서 이 공동체에 다시 숨을 불어 넣어 되살리기 위해서 그 영을 통해 무엇을 하실 수 있는가이다.

그런데 하나님이 하실 일에는 시간이 많이 필요하다. 에스겔은 여기서 열병처럼 들끓는 절망감과 씨름 중이다. 사람들은 '우리의 뼈들은 말랐고, 우리의 소망은 없어졌으며, 우리는 완전히 끝장났다'고 헐떡이는 것 빼고는 아무것도 할 수 없는 지경이다. 에스겔은 자포자기라는 이 질병을 치유하기 위해 이스라엘에게 해독제를 제공한다. 그것은 장기간에 걸쳐 이루어질 약속이며, 이 기간은 고통스러운 과도기가 될 것이다.

내 친구 중에 월드비전(World Vision)에서 일하는 친구가 있다. 그 친구가 한번은 굶주린 아이들을 치료하는 법을 이야기해 준 적이 있다. 굶주림이 심하면 신체 기능이 아예 정지된다. 몸은 멍한 상태가 된다. 더 이상 먹을 것을 찾지도 않고, 심지어 배고픔도 모른다. 그래서 자원봉사자들은 먼저 굶주린 아이의 입에 설탕물을 흘려 넣는다. 이 간단한 치료를 며칠간 시행하면, 결국 운 좋은 아이들은 다시 허기를 느끼기 시작하고, 그럴 경우 심한 고통도 느끼기 시작한다. 그런 아이들의 작은 몸뚱이는 다시 물과 빵을 애타게 찾기 시작하면서 소리를 내고 고함을 지르고 울부짖는다. 그들은 부활한 것이지만 이렇듯 새 생명이 시작되는 과정에는 극심한 통증이 수반된다.

같은 이야기가 죽음의 극심한 고통으로 미끄러져 내려가는 교회와 회당과 공동체에, 심지어는 에스겔 당시의 이스라엘 같은 국가에도 적용된다. 그러한 공동체도 다시 살아날 가능성이 없지 않다. 영은 이 공동체들 안에서 새롭게 박동하기 위해서 여전히 지상 사방에서 불어온다. 내 생각에 중요한 점은, 우리가 '죽어버린 공동체는 영의 영향력 범위를 벗어난 영역'이라는 믿음에 결코 굴복해서는 안 된다는 사실이다. 에스겔의 공동체는 약화됐고, 끝없이 쏟아지는 사막의 태양에 탈색되어 말라 비틀어진 수많은 뼈들과 같았다. 하지만 그 영이 극적인 조치, 즉 공동체 전체의 부활이라는 조치를 취하는 지점이 다름 아닌 그곳이다.

마찬가지로 중요한 사실이 있다. 굶주린 아이들을 회복시키는 과정에도 인내가 필요하고 고통이 수반됐듯이 이 부활의 사역 역시 힘든 과정이라는 사실을 인식하는 것이다. 그 과정은 신속하게 끝나지 않을 것이며, 또한 통증 역시 미미하지는 않을 것이다. 영-바람(spirit-wind)이 하는 일은 고요하게 숨을 불어 넣는 작업이 아니라 퍼펙트 스톰(perfect storm: 위력이 크지 않은 태풍 등이 다른 자연현상과 동시에 발생할 경우 엄청난 파괴력을 가진 자연재해로 발전하는 현상―역주)과 같다. 즉, 지상 사방에서 불어온 영-바람이 한 골짜기에서 만나 서로 부딪칠 것이다. 마치 우리를 박살 내려는 듯 몰려오는 폭풍우를, 아니면 우리의 안정된 실존을 뿌리째 뽑아내려는 듯 불어오는 회오리바람을 상상해보라. 뼈들이 제자리를 찾는 과정은 군악대의 행진처럼 조용하고 깔끔하게 일어나지 않는다. 그 마른 뼈들이 먼지에서 벌떡 일어나 서로 연결되어 새로운 몸, 새로운 공동체를 다시 형성할 때, 그 뼈들은 서로 부딪쳐 달가닥거리는 소리를 낼 것이다.

하지만 결국에는 부활이 일어난다. 그 고통의 기간을 통해서 약속이 실현된다. 예레미야애가의 말을 떠올려보라. "하나님께서 자갈로 내 이를 부수시고, 나로 잿더미 속에 웅크리게 하셨다"(3:16-17). 여기서 몇 행 뒤, 히브리어 알파벳으로 치면 몇 단어 뒤에서, 완전한 절망 상태는 불멸의 상태로 바뀐다.

> 주의 변함없는 사랑은 끝이 없고,
>
> 하나님의 긍휼은 결코 다함이 없도다.
>
> 그 사랑과 자비가 아침마다 새롭고
>
> 당신의 신실하심이 그지없도다. (3:22-23)

아니면, 누구보다 상상력이 풍부했던 에스겔의 표현을 보자. 그는 뼈들이 달가닥거리고, 힘줄들이 뼈를 덮고, 피부가 그 힘줄들 위에 놓이고, 영-바람이 급히 폭풍처럼 불어 들어온 후, 즉 이 모든 일이 일어난 다음인 그 과정의 마지막에서 이렇게 말한다. "'루아흐'가 그들에게 들어갔고, 그들이 살았고, 두 발로 일어나 엄청난 무리가 됐다"(겔 37:10). 이 과정은 한순간에 자연스럽게 일어나는 하나님의 단일 행위가 아니다. 그것은 한 공동체의 물리적인 고갈 상태, 육체적 죽음뿐만 아니라 소망을 품을 수 없고 믿음을 가질 수 없는 상태까지도 극복해내는 기나긴 과정이다.

활기찬 공동체

　나는 55년 동안 교회 생활을 해왔다. 물론 분위기가 다른 다양한 교회들을 경험했지만 그래도 늘 교회 안에 있었다. 반항의 시기에도 슬그머니 도망간 적이 없다. 대학을 다닐 때에도 매주 교회에 있었다. 그래서 나는 여러 교회를 경험해오면서, 교회가 무엇인지에 대한 상당히 확고한 개념을 가지고 있다. 이미 언급했듯이 심지어 내 아내도 목회자이며, 교회라는 영역에서 신실한 삶을 살고자 신학대학원에서 10년간 수련을 받았다.

　그런 내가, 거룩한 영을 공동체로서 경험하는 교회에 관한 이야기를 난생 처음으로 들었을 때, 얼마나 큰 충격을 받았겠는가! 선례가 없는 일이 벌어지고 있었다. 또 내가 한 번도 가본 적 없는 어떤 나라에서는 이미 이천 년 전에 이런 교회가 융성했다는 사실을 인정할 수밖에 없었을 때, 얼마나 큰 낙심을 했겠는가! 하지만 마찬가지로, 우리가 그때 그 교회(안디옥 교회다!)가 영위했던 삶의 방식을 파악하고 따름으로써 지금 우리도 그들처럼 놀라운 교회가 되는 법을 배울 수 있다는 사실을 깨달았을 때, 얼마나 흥분했겠는가!

　우리가 안디옥 교회를 보고 배운다면, 어떤 식으로 우리 공동체 안에 혁명을 일으킬 수 있을까? 이 질문에 답변하기 위해서 가장 먼저 누가가 보여주는 대목을 하나 살펴보자. 이 대목은 지금 우리에게 딱 적합한 내용인데, 우리를 매료시킬 만한 내용을 담고 있다.

> 안디옥 교회에는 예언자들과 교사들이 있었다. 바나바와 니게르라 불리는 시므온, 구레네 사람 루기오, 분봉 왕 헤롯의 궁정 일원인 마나엔과 사울이 그들이었다. 그들이 주를 예배하고 금식하고 있을 때, 거룩한 영이 말했다. "내가 그들을 불러 시킬 일이 있으니 바나바와 사울을 따로 세워라." 그들은 금식하며 기도한 후에 두 사람에게 안수를 하고 떠나 보냈다.
>
> 　그렇게 해서 그들은 거룩한 영의 보냄을 받아 실루기아에 내려갔다. 그곳에서 배를 타고 구브로로 향했다. (행 13:1-4)

이 본문에 나오는 거룩한 영의 사역은 분명하다. 거룩한 영은 특별한 목적으로 두 지도자를 따로 세웠는데, 그 목적은 파송이었다. 안디옥 교회는 이 말씀을 받아들이고 이 직무를 지원할 준비가 되어 있었다. 오늘날 거룩한 영에게 획기적인 말씀을 듣고자 하는 열망이 있는 교회라면 어디나 안디옥 교회를 따를 준비가 되어 있어야 하며, 또 흥이 나서 그 일을 해야 한다. 안디옥 교회는 장점이 너무 많아서, 그 내용을 마음에 새기려면 번호를 붙여서 기억할 필요가 있다.

1. **배우기를 좋아했다.** 우리는 이미 거룩한 영을 맞기 위한 준비에 있어서 앎의 중요성을 살펴본 바 있다. 다니엘의 훈련과 시므온의 노래를 통해서 그 사실을 확인했다. 이제 공부와 그 영 사이의 관계는 공동체적인 모습을 띠는데, 지역 공동체의 실제 행위들 속에 구현되고 있다는 의미에서이다. 안디옥은 굉장히 **교육을 잘 받은** 교회였다. 박사 학위 소지자가 많았다는 의미가 아니라, 구성원들이 배움에 굶주려 있었다는 의미이다. 이 교회의 지도자 집단이 목회자 혹은 목사가 아닌 예언자와 **교사**로 구성됐다는 사실이, 이 배움에 대한 열정으로 설명이 된다(행 13:1).

여기에는 뒷이야기가 있다. 안디옥 선교가 깜짝 놀랄 만한 성과를 거두었다는 소식, 특히 히브리어 사용자가 아닌 그리스어 사용자 사이에서 성과를 거두었다는 소식이 예루살렘 모교회에 들렸다. 예루살렘 교회는 이 소식을 듣고 바나바를 안디옥으로 보냈다. 바나바는 "선한 사람이요, 거룩한 영과 믿음이 충만한 사람"으로 기술된다. 그는 그 거룩한 영과 믿음을 가지고 무엇을 했는가? 그는 사울(아직 바울로 이름을 바꾸기 전이었다)을 찾으려고 다소로 향했고, 그를 데리고 안디옥으로 돌아왔다. 안디옥에서 "그들은 일 년 내내 교회와 만나며 수많은 사람을 가르쳤고, 그 제자들이 최초로 '그리스도인'이라고 불린 곳이 안디옥이다"(행 11:26). 사울과 바나바가 한 행동을 기술하는 데 쓰일 수 있는 모든 단어 가운데서 선택된 단어가 '가르쳤다'이다. 교회는 틀림없이 배움의 근거지였고, 교회 내부의 사람뿐만 아니라 무수한 군중을 위한 배움의 장소였다.

교회가 대학이 될 필요는 없다. 교회가 신학대학원이 될 필요도 없다. 하지만 교회가 안디옥과 같은 모습이 되고 싶다면, 거룩한 영이 말씀하시고 선교가 시작됐던 그런 곳이 되고 싶다면, 교회는 배움의 근거지가 되어야 한다.

그렇다면 어떤 종류의 배움인가? 이 질문에 답변하는 일은 간단치 않다. 왜냐하면, 그 당시에는 공부할 신약성서가 아직 없었다. 우리가 아는 모습의 성경이 아직 없던 시절이다. 바울은 아직 편지를 하나도 쓰지 않았다. 복음서도 아직 교회에 유통되고 있지 않았다. 요한계시록도 집필되기 전이다. 그들이 일 년 내내 공부했던 내용이 도대체 무엇일까? 바로 창세기부터 말라기까지의 성경이다. 안디옥 교회는 사울과 바나바에게서 유대인의 성경이라는 보화를 배웠다. 거룩한 영이 분명한 말씀을 들려 주던 교회, 초기 기독교의 선교가 시작됐던 그 교회가 뿌리내린 모판은 구약성서였다. 구약성서에는 열방을 비추는 빛에 관한 이사야의 웅장한 비전 같은 선교 헌장이 포함되어 있다. 안디옥 교회는 배움을 무엇보다도 중요시했기에 유대인의 성경 전체에 걸쳐 전개되는 광대한 선교의 비전을 마음에 품었다. 그리고 이 교회는 그 비전 때문에 그 영이 주시는 역사적인 말씀을 들을 준비가 되어 있었다.

2. 예언을 들을 준비가 된 귀. 안디옥 교회는 그런 말씀을 어떻게 들
었을까? 그 말씀은 하늘에서 떨어진 것일까? 그 무리 가운데서 조
용히 등장한 것일까? 아마도 아닐 것이다. 교사들은 안디옥 교회
의 유일한 지도자가 아니었다. 예언자들 역시 지도자였다. 실제로
첫째로 언급되는 것도 예언자다. "안디옥 교회에는 예언자들과 교
사들이 있었으니." 거룩한 영은 예언자들을 통해서 말씀하셨을 가
능성이 높다.

여기서 예언자들에 대해 조금 더 언급할 필요가 있겠다. 초대
교회에서 예언은 다양한 형태로 발생했다. 그리스와 로마의 문헌
자료를 보면, 예언은 자주 정신적인 통제력이 상실되면서 일어났
다. 하지만 교회에서의 예언은 거의 그런 식으로는 일어나지 않았
다. 오순절 사건을 생각해보라. 베드로는 그 영을 받은 자들을 예
언하는 자들로 규정한다. 그들이 한 일은 무엇인가? 그들은 청중
이 이해할 수 있도록 하나님의 찬양받으실 만한 일들을 다양한 외
국어로 이야기했다(행 2:1-13, 17-20). 아니면 유다와 실라를 생각해보
라. 이 한 쌍의 예언자는 예루살렘 교회가 내린 중요한 결정을 담
고 있는 편지를 전달하도록 파송됐다. 이들이 임명된 목적은, 편지
에 적힌 내용을 말로 반복하기 위해서였다. 그들이 실제로 한 일은
"신자들을 격려하고 힘을 북돋는 것"이었다(행 15:27, 30-34). 이 일은
가르침과 마찬가지로 실로 대단한 일로 보인다. 아니면 예언자 아
가보를 생각해보라. 그는 가이사랴에 등장했던 인물로 바울의 허

리띠를 가져다가 자기 손발을 묶고는 "거룩한 영이 '예루살렘의 유대인들이 이 허리띠의 임자를 이런 식으로 결박해서 이방인의 손에 넘길 것이다'라고 말씀하셨다"(행 21:11)고 말했다. 아가보의 말은 명료했고, 궁극적으로는 사실이었다.

　같은 이야기를 사도행전의 더 앞부분에 나오는 아가보(아마도 나중에 바울 앞에 등장한 예언자 아가보와 동일 인물일 것이다)에게도 할 수 있다. 그는 안디옥에 나타나 기근이 발생할 것을 예언했다. 앞서 살펴보았듯이, 안디옥 교인들이 배움에 몰두해 있던 그 1년의 기간에,

> 예언자들이 예루살렘에서 안디옥으로 내려왔다. 그중에 아가보라는 이름을 가진 사람이 일어나 성령의 감동을 받아 예언하기를, 전 세계에 대흉년이 들 것이라 했다. 그리고 클라우디우스 치세 기간에 이 일이 일어났다. 제자들은 자신의 능력에 따라 각각 유대에 사는 신자들에게 헌금을 보내기로 결정했다. 이렇게 헌금을 해서 그것을 바나바와 사울의 손에 들려 장로들에게 보냈다. (행 11:27-30)

　안디옥 교회는 일면식도 없는 예언자의 말인데도, 놀랍게도 그 말을 수용하는 모습을 보여주었다. 아가보는 안디옥 교회 사람이 아니었다. 그는 수백 킬로미터 떨어진 도시 예루살렘에서 온 사람이었다.

우리는 사도행전의 이런 개별 내용으로부터 하나의 패턴을 뽑아낼 수 있다. 교사들은 큰 무리의 교육을 담당했고, 예언자들은 교사들 옆에 나란히 서서 교회의 일에 동참했다. 예언자들은 교사들의 가르침에 구체적인 교훈을 추가했는데, 이 교훈에는 교회의 미래와 관련된 함의가 담겨 있었다.

이제 이런 관계가 안디옥 교회에서 어떻게 작용했을지 생각해 보자. 교사들은 성경이 전하는 그림 전체를 교인들에게 전달했다. 그 속에는 특별히 하나님께서 이사야의 종과 같은 종들을 열방을 향한 빛이 되도록 임명하실 것이라는 광대한 비전이 포함되어 있었다. 예언자들은 예배를 드리고 금식을 하는 상황에서 이 비전들을 미래로 가져갔다. 이 사건의 경우에 그들은 사울과 바나바를 불러서 (다시 한번 이사야의 종처럼) 열방에 빛을 비추는 임무를 맡겼다. 그 후에 교회는 그 예언이 담은 진리를 분별하고 그 일을 행동으로 옮기기 위한 지침을 결정하기 위해서 다시 예배하고 기도를 드리기 시작했다. 그 지침에는 사울과 바나바를 구브로로 보내는 내용이 포함됐는데, 이것은 그 영이 언급한 내용이 아니다. 이런 식으로 예언자들과 교사들은 서로 연계해서, 그리고 교회와 함께 일을 해 나갔다.

그렇다면 오늘날 교사들과 예언자들은 어떤 식으로 함께 일해야 할까? 이 문제에 대해 나는 확신이 없다. 많은 그리스도인의 경우, 성경의 비전을 목적된 대로 변화시키는 예언의 말을 들을 준비가 되어 있지 않은 것 같다. 또한 우리는 이스라엘의 성경에 담긴 원대한 비전 자체를 모르고 있는 것 같다. 왜냐하면 우리는 구약성경의 내용이 무엇인지 배우는 일에 충분한 노력을 기울인 적이 없기 때문이다. 즉, 안디옥 교회는 일 년을 통째로 투자해서 지속적인 배움의 기회를 가졌지만, 우리는 그처럼 지속적인 배움의 기회를 가진 적이 없다. 또한, 우리는 (적어도 나는) 예언자들과 교사들의 관점이 아닌 목사들, 제사장들, 관리자들의 관점에서 생각하는 것 같다. 그리고 우리 중 다수는 올바른 관습(예배, 금식, 기도)을 수용함으로써 예언이 일어날 수 있는 환경을 창조하는 공동체에서 살고 있지 않다. 하지만 안디옥의 그리스도인들은 그런 공동체에서 살고 있었다.

3. **올바른 실천.** 영의 말씀은 안디옥 교인들이 예배하고 금식하는 와중에 그들에게 왔다. **"그들이 예배하고**[이 그리스어는 '가난한 자를 섬긴다'에서처럼 '섬긴다'의 의미도 지닐 수 있지만, 이 문맥에서는 '예배한다'의 의미일 가능성이 더 높다] **금식하고 있는 동안에, 그 영이 말씀하셨다."**

앞서 많은 이야기를 했던 주제가 있다. 바로 '기초 훈련'이다. 이 주제로 돌아가 보자. 이번에는 이 훈련의 주체가 개인이 아닌 교회 전체라는 면에서 차이가 있다. 현재 나도 이런 훈련을 정기적으로 하는 교회에 다니고 있지 않다. 내 기억으로는 그렇게 해 본 적도 없다. 그렇다고 해서 이런 공동체적 실천을 전혀 모르는 것은 아니다. 내 아내, 프리실라는 타코마의 남쪽 숲에 자리 잡은 베네

딕트 수도회 소속의 성 플라치도 수도원의 준회원이 됐다. 그녀는 매달 이 수도회를 방문한다. 이 수도회는 약 20명 정도의 로마 가톨릭 수녀가 공동체를 이루어 함께 살면서 일하는데, 매일, 그것도 온종일 예배를 위해 모인다. 아침 찬양은 정오 찬양, 성체성사, 그리고 저녁 찬양으로 이어진다. 프리실라는 성 플라치도 수도원에서 홀로 있는 시간, 공동체 예배, 공동 식사 등으로 토요일 저녁과 일요일 아침을 보낸다. 일요일 오후에는 다른 준회원들과 모여 '렉시오 디비나'(*lectio divina*)로 알려진 명상을 통한 성경 묵상을 한다. 그리고 나서는 다시 부산한 일상으로 돌아와 그녀를 기다리고 있는 바쁜 한 주를 준비한다.

　　내가 공동체적 훈육을 중요하게 여기게 된 것은 이 세계 안에 다른 영역이 존재하며 우리 삶에도 여느 때와는 다른 순간이 존재한다는 사실을 인식하게 된 후부터였다. 나의 딸의 이름, '클로이'는 그리스어식 이름이다. 그 의미는 '봄의 신선한 연두색 새싹들'이다. 내 딸은 봄이 오기 한 시간 전에 태어났다. 내가 러쉬노스쇼어(Rush North Shore) 병원으로 프리실라를 데려가기 위해 차에 태웠던 그날 아침, 시카고는 몹시 추웠다. 클로이는 사실 더 일찍 태어났어야 했다. 이미 서른 시간 전에 포스터가(Foster Avenue)의 아모코역(Amoco station)에서 양수가 새어나왔지만, 프리실라는 별다른 조치를 취하지 않았다. 마침내 클로이가 태어났지만, 상태가 매우 좋지 않았다. 아프가 점수(Apgar score)가 2점이었다(건강한 신생아는 보통 8-10점이며, 6점 이하이면 집중 관리가 필요하다—역주). 의료진은 클로이를 곧장 소아 중환자실로 데려갔고, 우리는 나중에서야 클로이가 **딸**이라는 사실을 알았다. 프리실라는 기진맥진한 상태였고, 나도 완전히 탈진했다.

시간이 조금 지난 후에 간호사가 나를 불러 클로이를 보여주었다. 클로이는 나를 뚫어질세라 응시하고 있었다. 너무나 조그맣고 사랑스러운 아이였다. 팔에는 주삿바늘을 꽂고, 가슴에는 체온계를 두르고, 발뒤꿈치에도 선을 둘러놓은 상태였지만, 내 눈에는 그렇게 보였다. 그 아이를 보자마자 내 심장은 터질 것 같았다. 이 아이는 젖먹을 힘도 없었다. 하지만 이 아이를 안아 줄 수도 없는 상황이었다. 그렇다면 나는 무엇을 해 줄 수 있을까? 그저 내 딸 옆에 앉아 있는 수밖에 없었다. 그리고 노래했다. 말없이, 소리 없이, 걱정스럽고 긴장된 상태로 노래했다. 마음속은 걱정뿐이었지만, 기억나는 대로 머릿속에 있는 모든 찬양을 속으로 흥얼거렸다. 보혈의 찬양을 부르며, 그 아이의 피를, 그 아이 엄마의 피를, 그 아이 구원자의 피를 묵상했다. 희망의 찬양("만세 반석 열리니, 내가 들어갑니다"[새찬송가 494장—역주]; "복의 근원 강림하사 찬송하게 하소서"[새찬송가 28장—역주]), 믿음의 찬양("하나님의 완전한 평화는 영광스러운 강과 같도다"), 믿음을 **위한** 찬양("나의 구세주 그리스도의 마음이 나날이 내 안에 살기를")을 불렀다.

내 이성이 더 이상 의미 있는 사고를 할 수 없는 상태가 되자, 어느새 나는 어릴 적 교회에서 하던 습관대로 하고 있었던 것이다. 우리 교회는 분주한 거리에 자리 잡고 있었는데, 교회 양쪽에는 각

각 성 이그나티우스 성당과 소방서가 있었다. 몇 시간 동안 계속 기도 드리는 일도 없었고, 우리 교회의 예배는 정말 지루했다. 시간도 45분 이상이어서 근처 소방서의 정오 사이렌이 울려야 마쳤다. 내 기억에는 금식을 한 적도 없다. (우리는 각자 음식을 가져와 배부르게 먹었다.) 하지만 우리는 정기적인 만남을 꼭 가졌다. 소집단으로도 모이고, 매주 일요일 아침에도 모이며, 매주 주일 밤에는 더 적은 수로 모이기도 했다. 그렇게 모임을 할 때면 우리는 노래를 했다. 지금 생각해 보면, 그때는 어떻게 그리 노래할 수 있었는지!

나는 새벽이 오기 전 고독의 시간 동안, 내가 이미 사랑하는, 하지만 삶과 연결된 줄이 너무나도 약해 초라하기까지 한 내 딸과 함께하면서 내 어린 시절의 노래들을 부르고 있었다. 때로는 지루했지만 꾸밈없는 모습이었던 그 예배들, 내가 빼먹지 않고 늘 드렸던 그 예배들을 통해서 내 머릿속에 박힌 노래들이었다. 내가 할 수 있는 것이 아무것도 없는 그 상황에서, 어린 시절에 찬양 부르기와 같은 정말 단순한 훈련이 큰 도움이 됐다.

이렇게 내 어린 시절의 그 단순한 습관도, 19년 전 그 봄날 밤에 나를 지켜주었다면, 안디옥 교회와 같이 철저하게 훈련된 공동체는 얼마나 큰 유익을 그로부터 얻었을까? 그들은 지속적으로 배우고, 예배하고, 금식하고, 또한 기도했다.

주목하라. 사실 그들은 사울과 바나바를 파송하라는 명령에 급하게 반응하지 않았다. 그들은 그 두 사람을 즉시 어딘가로 보내지 않았다. 안디옥의 그리스도인들은 다시 금식했다. 이번에는 기도가 더해졌다. 그 후에야 그들은 바나바와 사울에게 안수하고 파송했다. 이 사실은 의미심장하다. 내가 아는 그리스도인 가운데 자주 예언을 듣는 분들은 나에게 분별의 중요성을 이야기하곤 했다. 사도 바울도 이 점에 있어서는 단호하다. 바울은 고린도전서에서 어떻게 예언의 은사를 시행할지에 대한 분명한 가르침을 주며(고전 14장), 그리스의 다른 교회를 향해서는 "예언자들의 말을 멸시하지 말되, 모든 내용을 시험하라"(살전 5:20-21)고 말했다. 예언이 있는 곳에는 반드시 그 예언이 진리인지 확인하는 분별의 과정도 있어야 한다. 안디옥의 그리스도인들은 자주 예언의 말을 들었고, 그 예언에 반응해야 했다. (이를테면, 아가보는 예루살렘에 가뭄이 들 것을 예언했다.) 그들은 사울과 바나바에 관한 예언을 받았을 때, 돌아가서 더 금식하고 더 **기도했다**.

그들이 더 기도했던 이유는 그 거룩한 영이 분명한 지침을 주지 않았기 때문이다. 그 영이 한 말의 내용은 하나님께서 그 두 사람을 불러서 쓰고자 하시니 사역을 위해 그들을 구별하라는 정도였다. 그들을 부르신다는 사실 자체는 분명했지만, 그 자세한 내용은 안디옥 교회가 스스로 생각해야 했다. 그들은 더 금식하고 더 기도하면서, 또 서로 안수하는 식으로 (적어도 부분적으로는) 그 작업을 진행했다.

이 분별의 과정에는 뭔가 다른 내용이 포함되는 것이 틀림없는데, 그것은 바로 상식이다. 바나바와 사울은 안디옥에서 서쪽으로 25km 떨어진 항구로 향했고, 그곳에서 구브로로 가는 배를 탔다. 구브로는 그 상황에서 딱 알맞은 목적지였다. 이 아름다운 섬에는 이미 확고하게 구축된 유대인 공동체가 있었고, 바나바와 사울은 그 공동체에서 사역을 시작하면 되기 때문이다. 적당량의 상식은 분별의 과정에서 꼭 필요한 재료다.

> 4. **아낌없는 베풂**. 선교로 부름을 받는 것과 선교를 실제로 개시하는 것은 전혀 별개의 일이다. 안디옥 교회는 선교를 개시하는 데 적합한 조건을 갖추고 있었다. 그들은 하나님의 사역을 위해 그들이 가진 자원을 기꺼이 투자했다. 그들이 사울과 바나바에게 성경을 배웠던 그 해를 다시 생각해보라. 또 아가보가 먼 미래의 가뭄을 예언했을 때 그들의 반응을 돌이켜보라. "제자들은 자신의 능력에 따라 각각 유대에 사는 신자들에게 헌금을 보내기로 결정했다. 이렇게 헌금을 모아서 그것을 바나바와 사울의 손에 들려 장로들에게 보냈다"(행 11:29-30). 간단히 말해서, 안디옥 교회는 **어려운 처지에 놓인 이들에게 손을 내밀었다.**

나는 비극적 상황을 보면 지나치지 못하고 기부를 한다. 해일 소식을 들으면 마음속에 동정심이 일어난다. 태풍, 지진, 내전이 일어났다는 이야기를 듣고 나면 그곳에 기부하는 것이 나의 반응이다. 안디옥의 그리스도인들은 비극이 벌어지기도 전에 기부를 했다. 그들은 가뭄이 닥칠 때까지 기다리지 않고 예루살렘의 성도들에게 얼마나 도움이 필요할지 미리 헤아렸다.

이보다 훨씬 더 중요한 사실이 있다. 그들은 그저 필요한 만큼만 베푼 것이 아니라는 사실이다. 그들이 자선을 베푼 기준은, 그들이 마땅히 베풀어야 한다고 스스로 결정한 내용이었다. 다른 말로 하면, 그들의 아낌없는 배풂은 그들은 나름 잘살고 있다는 인식, 그들이 가진 자산이 굉장히 풍부하다는 인식에서 비롯됐다. 그들이 얼마나 많은 기부를 했는지 기술하는 표현으로 '그들의 능력에 따라'라고 번역된 그리스어 단어들은 '누구든지 자신이 풍부하게 소유한 만큼'이라는 의미일 수도 있다. '풍부한'은 상대적인 개념이다. 그렇지 않은가? 분명히 안디옥의 그리스도인 중 상당수는 자신이 그저 충분한 정도가 아니라 풍부하다고 느꼈으며, 그렇기 때문에 유대에 사는 예수의 추종자들에게 도움의 손길을 내민 것이다.

그들의 베풂을 결정한 기준은 '상대방이 얼마나 큰 도움이 필요한가'가 아니라 '우리가 얼마나 많이 베풀어야 하는가'였다. 그리고 그들은 각자의 자발적인 의지를 따라서 베풀었다. 아가보는 기근을 예언했을 뿐이다. 아가보가 그 이상의 일을 했다는 단서는 없다. 말하자면 아가보가 안디옥 교인에게 자선을 베풀라고 명령했다거나, 누가 기부를 해야 하는지 혹은 얼마나 해야 하는지 지시했다는 기록이 없다. 안디옥의 신자들은 심각한 가뭄이 예루살렘을 덮칠 것이라는 그 소식 하나에 근거하여 ('충분하다'의 의미가 무엇이든 충분히 소유한 사람들 각자가) 기부하기로 결정했다. 여기 아낌없이 베푸는 교회가 있다. 이 교회는 인색하지 않은 교회였고 재정적인 면에서 상당한 투자가 요구되는 선교 계획을 뒷받침할 수 있는 이상적인 근거지였다.

5. **다문화 지도자 집단.** 안디옥은 교회의 선교(역사상 최초의 선교)를 위한 최적의 발판이기도 했는데, 그 지도자 집단의 구성 때문이다. 안디옥 교회에서 지도자 역할을 했던 예언자와 교사들은 균질한 집단이 아니었다. 그들은 인종적, 경제적으로 다양했다. 바나바는 자신의 재산을 팔아 그 대금을 예루살렘 사도들의 발 앞에 바쳤기 때문에(행 4:36-37), 더 이상 예전과 같은 재산을 가지고 있지 않았다. '흑인'('니게르'의 의미—역주) 시므온(Simeon)은 아마도 북아프리카 출신이었을 것이다. 루기오는 구레네 출신이었는데, 구레네는 아프리카의 북쪽 해안에 위치한 지역이다. 마나엔은 부자였고, 젊은 시절부터 헤롯 안티파스의 친구(개역개정은 '젖동생'으로 번역—역주)였다(혹은 과거에 그랬던 적이 있다). 소아시아의 해안 도시인 다소 출신 사울은 훈련받은 바리새인이었다.

이들은 인종적 혹은 사회적 혹은 경제적 동일성으로 뭉친 균질한 집단이 전혀 아니었다. 이 교회는 특정 인구 집단을 겨냥한 교회도 아니었다. 오늘날 많은 대형 교회는 이를테면 20대 혹은 교외 거주자들 혹은 도시 거주자들 혹은 18세와 40세 사이의 남성과 같은 특정 집단을 목표로 삼는다. 요즘에는 이런 교회들이 많다. 예배 형식을 특정 집단의 입맛에 맞게 구성하고, 특정 나이에 적합한 음악을 선택하며, 지도자들은 특정 청중의 취향에 자신의 스타일을 맞춘다.

하지만 안디옥 교회는 달랐다. 우리는 이미 안디옥 교회에 목사가 없었다는 사실을 확인했다. 이제 이 교회가 다양한 문화권 출신으로 구성된 팀의 지도를 받았다는 사실을 살펴보자. 이 교회의 예언자와 교사들은 지중해 세계의 이곳저곳에서 온 이들이었다. 또 이 지도자들은 경제적으로 서로 다른 계층을 대변하고 있었다. 이 교회의 가르침과 예언은 굉장히 다양한 관점을 반영하고 있었다.

현재 통용되는 교회 지도자 모델에서는 영의 은사들 중 대부분이 유급 목사 안에 거한다고 본다. 나는 이 모델과 안디옥 교회의 지도자 모델을 비교한 적이 있다. 그때 내가 얼마나 큰 충격을 받았을지 상상해보라. 또 나는 내 인생 가운데 10년 가까이를 신학대학원 학생을 교육하는 일로 보낸 사람이다. 그런 내가 그들이 결국 대체로 홀로 앞장서서 일을 감당해야 하는 목회 체계로, 혹은 직원 전체를 관리하는 선임 목회자로 이루어진 계급 구조로 편입되어야 한다는 사실을 인정해야 했을 때, 얼마나 낙담했을지 상상해보라. 더군다나 그 학생들이 받은 목회와 설교, 운영 관련 교육 과정을 돌이켜보면, 다양한 사람들과 협력하여 함께 일하는 것은 고사하고 팀을 이루어 일할 수 있도록 준비시키는 내용이 과연 있었는지 확신이 서지 않는다. 사도행전에 관한 강의를 포함하여, 내가 성서연구 분야에서 진행했던 수업들은, 단언컨대, 팀 리더십에 대한 비전을 그들에게 심어주지 못했다. 나는 자문한다. 다양한 문화적 배경을 지닌 이들로 구성된 팀, 전문 목사가 아닌 예언자와 교사로 이루어진 팀이 예배와 금식과 기도를 인도했던 이 초대 교회의 비전을 우리는 저버린 것이 아닐까?

6. **은혜의 원천.** 이 모든 내용(배움을 향한 갈증, 아낌없는 베풂, 예언을 들을 준비가 된 귀, 예배와 금식과 기도의 관습)을 종합해보면, 그 거룩한 영에게 선교 개시의 말씀을 받기에 부족함이 없던 그 비범한 공동체의 자질을 확인할 수 있다. 그렇다고 해서 안디옥 교회가 그저 선교의 임무만을 수행했던 교회는 아니다. 안디옥은 호의와 선함과 은혜의 원천이기도 했다. 바나바가 처음 안디옥에 도착했을 때의 상황에 대해 성경은 "그가 와서 하나님의 은혜를 보았다"(행 11:23)고 기록한다. 나중에 이 과정의 막바지에 이르러 사울과 바나바의 선교가 일단락됐을 때, 사울과 바나바는 "배를 타고 안디옥으로 돌아왔는데, 이곳은 **그들이 완결 지은 사역을 위해 하나님의 은혜가 맡겨졌던 곳이다**"(행 14:26). 그들의 베풂은 마지못해 한 것이 아니었다. 그들의 안수는 단순한 형식이 아니었다. 기도는 겉치레가 아니었다. 예배는 그저 의식이 아니었다. 금식도 억지로 하지 않았다. 이 교회는 하나님의 은혜가 전달되는 통로이자, 환대의 샘이었다. 자연스럽게도 사울과 바나바는 이곳으로 돌아와 오랫동안 함께 지냈다. 이것이 성경의 증언이다.

제7장
예수의 시험

이 장을 읽기 전에 숙지해야 할 성경 본문

- 마가복음 1:9-13
- 마가복음 13:9-13

몇 년 전, 시애틀 특유의 화창한 7월의 어느 날, 클로이와 제레미가 세례를 받았다. 우리 교회는 작은 간이 수영장이 마련된 공원에서 예배를 드렸다. 전임 목사이자 지금은 고인이 된 나의 친구 데이브가 그 아이들에게 세례를 주었다. 우리 기억 속에 선명히 새겨진 그 특별한 날, 영원히 기억될 그 순간 가운데 한 장면을 소개하려 한다. 데이브는 몸을 부들부들 떨고 있는 내 딸과 아들 옆에 서서 아이들의 이마에 십자가 모양을 그렸다. 그것은 그 아이들이 그날 밤부로 이제 성인이 됐음을 인치는 신호였다. 그 후에 흠뻑 젖은 내 아들은 엄마에게 기댔고, 나는 벌벌 떠는 클로이의 몸을 큰 수건으로 따뜻하게 감싸주었다. 나는 내 딸이 세례를 받았다는 사실에 완전히 감격했다. 그날 아침까지도 이 세례식 때문에 그 아이를 향한 나의 사랑이 더 커질 것이라고는 생각하지 못했다. 하지만 실제로 내 사랑은 더 커졌다.

우리는 세례식을 마치고 이 의식을 위해 시애틀까지 와준 친척들과 함께 집으로 돌아왔다. 그런데 친척 중 한 분이 저녁 식사 내내 굉장히 사소한, 머지않아 잊어버릴 문제 때문에 뾰로통해 있었고, 분위기가 가라앉기 시작했다. 그 저녁 식사 이후로, 영원할 것 같았던 그날 아침의 들뜬 분위기가 흐트러지기 시작했다. 아홉 시간 전 경험했던 기쁨이 사라지기 시작했다. 당연히 클로이는 실망했다. 나아가 분노했다. 그 아이는 정말 혼자 힘으로 노력해서 이제 막 믿음의 날개를 퍼덕이며 날아오르기 시작한 터였다. 사실 그 아이는 3년 전에 내가 진행하던 입교 교육을 받았지만, 아직 예수를 따를 준비가 되지 않았다는 이유로 입교도, 세례도 받지 않겠다고 결정했었다. 다른 아이의 부모들이 클로이의 결정에 의아해하는 가운데, 입교 교육에 참여했던 다른 아이들은 입교식을 치렀고, 내 딸만 교회 의자에 앉아 있었다. 이제 3년이 지났고, 그 아이는 마침내 준비가 됐다. 이 세례는 그 아이에게 엄청난 의미였다. 그런 날에 냉소적인 분위기가 우리 집에 엄습했으니, 그 아이는 짓밟히는 기분이 들었을 것이다.

클로이는 분을 못 이겨 눈물을 흘리다 눈이 퉁퉁 부은 채 밤늦은 시간까지 침대에 누워 있었다. 나는 클로이의 모습에 마음이 아팠다. 내 사랑하는 딸의 침대맡에 앉았을 때, 나는 예수가 세례를 받으실 때 하나님께서 그에게 하셨던 말씀인 "내 사랑하는 사람아!"를 떠올리지 않을 수 없었다. 나는 예수의 세례에 대해 이야기해도 될지 클로이에게 물었다. 이 이야기를 하게 될 것이라고 미리 예상하지는 못했다. 하지만 상황이 이렇게 되다 보니 이 이야기를 할 적합한 시점이라는 느낌을 받았고, 그 사실을 클로이에게 설명했다. 클로이는 베개에 몸을 기댄 채 무릎을 당겨 자신의 **뺨**에 댔다. 그리고 내 이야기에 귀를 기울였다. 그날 내가 내 딸에게 들려준 이야기는 다음과 같다.

온화한 강림

예수의 몸은 물에 흠뻑 젖었고, 옷에서 물이 뚝뚝 떨어졌다. 사촌인 요한이 그를 혼탁한 요단강 물에서 끌어 올렸다. "그리고 그가 물에서 올라온 그때, 그는 하늘이 갈라지고 그 영이 비둘기같이 자기에게 내려오는 모습을 보았다. 그리고 하늘에서 소리가 났다. '너는 내 아들, 내 사랑하는 사람이다. 내가 너로 인하여 심히 기쁘다'"(막 1:10-11). 가히 엄청난 경험이, 상상도 못할 일이, 예수의 눈과 귀와 감각을 사로잡았다.

마가가 이 이야기를 들려주는 방식을 보라. 하늘이 과격하게 찢기는 모습을 본 사람은 오직 예수뿐이었다. 세례 요한은 보지 못했다. 요단강 주변에 모여 있던 유대 지도자들도 보지 못했다. 군중들도 보지 못했다. 오직 예수만이 하늘이 갈라지는 광경을 보았다. 마태는 단어를 살짝 변경해서 "하늘이 그에게 열리고"(마 3:16)

라고 기록했다. 이 표현대로면 아마도 모든 사람이 이 광경을 볼 수 있었을 것이다. 누가복음의 경우, 구름 사이에 생긴 균열은 특별히 공개적이다. "사람들이 모두 세례를 받을 때, 그리고 예수도 세례를 받고 기도하실 때, 하늘이 열렸다"(눅 3:21). 하지만 마가복음에서 이 사건은 무수히 많은 사람 앞에서 그가 종종 피해다녀야 했던 끊임없는 성가심이 시작되기 전에, 오직 예수만이 비밀리에 경험한 순간이었다. 여기에서 예수는 자신만의 순간을, 자신만의 비전을, 자신만의 하늘 계시를 경험한다.

그러고 나서 예수는 그 영이 비둘기 같은 모습으로 자기에게 내려오는 것을 보았다. 하늘에 생긴 틈에서는 신적인 임재가 내려오곤 했다. 마가가 그 이야기를 들려주는 방식을 보라. 그 거룩한 영은 예수를 향해 온화하게, 마치 비둘기처럼 내려온다. 누가복음의 경우에는 그 영이 물리적인 형태의 비둘기로, 즉 실제 비둘기로 내려온다. 그로부터 몇 년 후 오순절에 다락방을 가득 채울 바람과 소리처럼, 이 비둘기 역시 진짜 물리적인 비둘기이다. 하지만 마가복음에서는 그렇지 않다. 여기서 '비둘기같이'라는 표현은 그 영이 얼마나 평화롭게 그에게 내려왔는지를 강조한다. 구름이 과격하게 찢긴 틈 사이로 그 영은 온화하게 날아온다. 그 영은 시내 산의 과격한 천둥과 번개와는 달리, 혹은 오순절의 과격한 바람과는 달리, 온화하게, 부드럽게, 비둘기처럼 유유히 내려왔다. 이 차분하고 평화로운 경험 속에는 기이할 정도의 온화함이 존재했다.

이 비밀스럽고 친밀한 교제를 깨고 하나님의 음성이 들려왔다.

이제 예수는 그 음성을 듣는다. "너는 내 아들, 내 사랑하는 사람이다. 내가 너로 인하여 심히 기쁘다." 이 하나님의 음성에서 핵심이 무엇인지 파악하는 일은 어렵지 않다. 시작하는 말인 '너는 내 아들이다'는 시편 2:7 속의 한 행을 인용한다. 그 시편은 이스라엘 왕의 즉위식에 관한 시인데, 이 행은 하나님께서 그 왕에게 하신 말씀이다. 그렇다면 진흙투성이 요단강 변의 그 중대한 장소에서 일어난 예수의 세례는 예수가 메시아로서 즉위한 사건이었다. 마무리하는 말인 '내가 너로 인하여 심히 기쁘다'는 이사야 42:1에 나오는 영의 감동을 받은 (그리고 머지않아 고난을 받을) 종에게 하시는 하나님의 첫 말들을 반영한다. 우리는 이미 이 본문을 다룬 적이 있다.

> 여기 내가 붙드는 나의 종,
> 내 영혼이 기뻐하는 내가 택한 자가 있다.
> 내가 나의 영을 그 위에 두었다.
> 그가 이방에 정의를 가져다줄 것이다.

이 세심하게 선택된 단어들 속에 예수의 이중적인 소명이 들어있다. 이 소명은 예수 안에 뿌리를 내리고, 결국 그를 예루살렘 외곽 골고다 언덕에 세워진 십자가로 이끌고 갈 것이다. 그는 왕이자 동시에 고난받는 종이었다. 이 둘은 하나님의 말씀을 구성하는 반쪽들이다. 하지만 그 중간에 무언가가 있다. 이 음성 안에는 친밀한 무언가가 있다. 이 말들을 둘러싸고 있는 온화한 무언가가 있다. 왜냐하면 예수는 또한 하나님께서 사랑하는 사람이기 때문이다. 예수의 아들 신분과 종 신분을 하나로 묶으면, 가장 친밀한 속삭임을 들을 수 있다. **예수는 하나님께서 사랑하는 사람이다.** 이 장면에는 하나님과 아들이 나누는 사랑이 존재하며, 분명한 소명이 제시되는 내용 가운데 사랑의 향내가 풍긴다. 이 장면에는 애정이 넘쳐 흘러서 예수의 임무에 관한 두 진술을 하나로 묶는다.

혹시 당신이 오늘 아침 내 서재를 들여다 보았다면, 열여섯 살짜리 소년이 내 컴퓨터 앞에 구부정하게 앉아 있고, 그 옆에는 회색 머리에 수염을 기른 한 남자가 접이식 의자에 앉아 있는 광경을 볼 수 있었을 것이다. 그리고 그 남자가 소년을 향해 훌륭한 정부에 관한 마키아벨리와 공자의 관점이 무엇이냐고 계속해서 질문을 던지는 소리도 들었을 것이다. 그 장면은 한 아버지가 곧 10학년이 될 아들을 준비시키는 광경이다. 10학년은 대학에 가기 위한 준비 과정이고, 대학은 의미 있는 직업을 향한 관문이다. 제레미와 내가 함께 있었던 이유는 겉으로는 여름 학기의 마지막 논문을 완성하기 위해서였다. 녀석의 소명을 갈고 닦기 위해서는 교양을 더 늘릴 필요가 있었다. 하지만 우리가 함께 있었던 진정한 이유는 다른 데 있다. 우리가 함께였던 이유는 녀석이 내 사랑하는 아들이기 때문이다. 그렇다면 당신은 오늘 아침 내 서재에서 그 거룩한 영이 빚어낸 평범하지만 친밀한 광경을 목격한 셈이다. 당신은 그 아빠가 자기 아들의 어깨에 손을 올리고, 종종 그 소년의 머리카락을 매만지는 모습을 보았을 것이다. 또 그 아들이 자기가 반쯤 베어 먹은 크림치즈 베이글을 그 나이든 아저씨에게 건네는 모습도 보았을 것이다. 다시 말해, 당신은 그 아침에 그 영이 임재한 모습을 본 것이다. 아들이 키보드를 두드리고 아버지는 그 옆에 앉아 있는 그 끈끈한 관계 말이다. 베이글처럼 눈에 보이는 실체는 아니지만, 어느 사이엔가 서로에게 전해지는 사랑. 그 후에 이어지는 악수와 포옹. 당신은 직업 준비를 초월하는 어떤 광경을 목격한 것이다. 이 소년은 내 사랑하는 아들이며, 내가 그 옆에 서 있으면서 넘치는 기쁨에 도취됐다는 사실을 당신은 이해했을 것이다.

이 소소한 아버지와 아들의 광경은 2000년 전에 일어난 다른 광경을 이해하는 데 도움을 주는 통찰을 제공한다. 그 사건은 비할 데 없이 멋진 광경이었다. 물론 하늘도 갈라졌다. 예수의 소명은 이스라엘의 왕이자 영의 감동을 받은 종이라고 선언하는 음성도 들렸다. 하지만 그저 웅장했기 때문에 멋진 광경은 아니었다. 오히려 그 광경이 멋진 이유는 그 사건에 담긴 친밀함 때문이다. 예수의 세례가 놀라운 이유는, 그 사건을 통해서 한 아버지와 한 아들 사이의 은밀한 순간을 엿볼 수 있기 때문이다. 예수는 하나님의 사랑하는 사람이요, 기쁨이며, 순전한 즐거움이었다. 이 관계를 더 감동적으로 만드는 요소는 아버지가 아들에게 거룩한 영을 주었다는 사실이다. 그가 준 것은 근육질의 삼손을 꺾어버릴 정도의 힘도, 균형감각을 잃은 이스라엘의 왕 사울을 바다에 때려눕힐 강한 기세도 아닌, 매우 미묘한 섬세함, 하늘에서 내려오는 비둘기의 온

화하고 유유한 움직임, 아들의 부드러운 머릿결을 매만지는 손길
이었다.

적대적인 장소

거룩한 영이 유유히 강림하던 온화한 분위기가 급격하게 바뀐
다. 그 영은 개인적인 휴식을 취하고 있던 예수를 사나운 적대감이
흐르는 세계로 과격하게 몰아낸다. "영은 곧바로 예수를 광야로
몰아냈다. 그는 광야에서 사십 일을 지내며 사탄에게 시험을 받고,
들짐승과 함께 있었다. 천사들이 그에게 시중을 들었다"(막 1:12-13).
여기에서 분명한 사실은, 마가복음에서 영의 활동은 거의 폭력, 침
해에 가깝다는 것이다. 들짐승은 예수와 함께 있어 주고, 천사들은
예수의 수종을 든다. 하지만 그 영의 역할은 딱 하나다. 예수를 억
지로 광야로 내쫓는 역할이다.

예수가 수세에 이어서 경험한 이 조화로운 사건은, 그 영이 예
수를 광야로 **몰아내자** 그 **즉시**(마가가 사용한 단어) 터졌다. '몰아내
다'는 폭발적인 표현이다. 하나님께서 아담과 하와를 에덴동산에
서 **몰아내신**(창 3:24)것처럼 거룩한 영도 예수를 몰아낸다. 이는 예
수가 머지않아 귀신들을 **몰아낼 것**(막 1:34, 39)과 한센병을 **몰아내
서** 다시는 인간의 몸에 들어오지 못하게 할 것(막 1:43)과 죽은 아이
의 방에 따로 들어가서 애곡하는 자들을 **몰아내고** 추방하실 것(막

5:40)과 성전 경내에서 환전상을 **몰아내실 것**(막 11:15)과도 같다. 예수는 "만일 네 눈이 너를 범죄하게 하거든 그 눈을 몰아내라"(막 9:47)고 열정을 쏟아 가르치셨다. 그리고 예수가 들려준 한 비유에서, 불량한 포도원 소작농들은 포도원 주인의 아들이 세를 받으러 온다는 사실을 확인하고는 "그를 잡아서 죽이고는 포도원 밖으로 몰아냈다"(막 12:8). 예수의 세례 시 내려왔던 비둘기의 온화함은 영의 과격한 기세로 인해 엉망이 되어 버렸다.

거룩한 영을 주제로 다룬 대중 서적을 손에 들고 읽어보라. 그 거룩한 영이 힘의 원천이라는 이야기를 들을 수 있을 것이다. 말하자면 그 영은 기적을 일으키는 힘, 기쁨을 가져다주는 힘, 설교를 잘할 수 있게 해주는 힘이다. 이 내용은 모두 사실이다. 하지만 여기 모든 사역의 출발점에 서 있는 예수에게는 그렇지 않다. 여기 요단강 변에서 거룩한 영은 힘을 행사해서 예수를 사탄의 전장으로 몰아낸다.

예수가 성인이 되고 나서 그 영이 처음으로 그에게 행한 것이 바로 이 일이다. 이 일은 앞서 일어난 그 영의 온화한 강림 사건과 상충한다. 예상치 못한 흐름의 변화여서 삐걱거리는 소리가 난다. 하늘이 열리고, 하나님의 목소리가 그에게 들려오고, 영-비둘기가 온화하게 내려왔다. 하지만 예수는 그 즐거운 비전의 경계 안에 잠시도 머물러 있지 못했다. '내 사랑하는 사람'과 '내 아들'이라는 음성을 만끽하며 요단강 가에 머물러 있을 여유가 조금도 주어지지 않았다. 비둘기처럼 부드럽게 내려왔던 영이 **즉시** 그를 광야로 몰아냈기 때문이다. 그 환상 경험이 주는 신비와 경이에 둘러싸여 차분히 숨을 고를 시간조차 주어지지 않았다.

하지만 이 무자비한 조치도 그 필요성을 고려하면 이해가 된다. 즉, 예수가 요단강 둑에서의 이 비범한 경험을 뒤로한 채 떠나야 했던 이유는, 그의 소명을 이행하고 궁극적으로는 하나님께서 그에게 맡기신 임무를 파악하기 위해서였다. 이 이야기의 세부사항 가운데 예수가 '들짐승과 함께' 있었다는 간단한 내용이 가리키는 바가 이것이다. 전형적으로 야생 짐승은 위협적인 존재로 여겨졌다. 시편 22:11-21과 에스겔 34:8을 보라. 하지만 마가는 간단한 문장으로 표현한다. '그가 함께 있었다.' 이 표현은 평화로운 공존을 가리킨다(막 3:14, 5:18, 14:67). 예수는 야생 짐승과 평화로이 공존했다. 인간과 짐승 사이에는 보통 적대감이 넘치지만, 여기에는 이 적대감이 사라지고 없다. 핵심만 이야기하자면, 예수는 에덴의 40일을 다시 수립하고 있었고, 이 시간에 동물은 인간과 평화로이 공존한다.

예수가 짐승들과 공존했다는 이 단순한 사실은 에덴이 회복되어 야생 짐승과 평화로이 공존하는 시대로 복귀할 것이라는 이스라엘의 모든 소망을 성취한다. 이스라엘의 예언자 에스겔에 따르면, 하나님은 "내가 또 그들과 평화의 언약을 맺고, 야생 짐승을 그 땅에서 추방하여, 그들이 광야에서 살고 숲 속에서 안전하게 잠을 자게 할 것이다"라고 약속하셨다(겔 34:25). 예언자 이사야의 전망역시 이와 아주 유사하다. 이사야서에는 그 영이 그 위에 거할 기

름 부음을 받은 한 지도자와 우주적인 평화의 시대를 개시할 한
통치자를 기술하는 기념비적인 묘사가 들어 있다.

> 늑대가 어린 양과 함께 살며,
>
> 표범이 어린 염소와 함께 누우며,
>
> 송아지와 어린 사자와 살진 짐승이 함께 있고,
>
> 어린아이가 그 동물들을 몰고 다닐 것이다.
>
> 암소와 곰이 함께 풀을 뜯고,
>
> 그 새끼들이 함께 뒹굴며,
>
> 사자가 소처럼 풀을 먹을 것이다.
>
> 젖먹이 아이가 독사의 구멍에서 장난하고
>
> 젖 뗀 아이가 살모사의 굴에 손을 넣을 것이다. (사 11:6-8)

예수가 받은 시험을 묘사하는 마가의 간략한 이야기 속에 들
어 있는 이 겉으로는 사소한 내용(예수가 들짐승과 함께 있었다)은 예수
가 에덴을 원래 의도에 걸맞은 평화의 상태로 회복시킬 분이라는
사실을 암시한다. 그는 시편 2:7과 이사야 11장이 말하는 기름 부
음 받은 통치자, 즉 왕이 되어, 그 영을 받고, 정의를 확립하며, 야
생 짐승의 세계를 평화로운 방식으로 무릎 꿇린다.

물론 이어서 마가는 이 간단한 장면을 또 다른 구체적인 내용
으로 결론 내린다. 즉, 천사들이 그에게 시중을 들었다. 예수가 그
를 돌보시는 하나님의 능력을 알게 되는 지점은 평화로운 분위기

에서 경험하는 환상의 경계 안쪽이 아니라 인격화된 악의 세력과 대치하는 적대적인 광야에서다. 마가는 여기에서 시편 91편의 언어를 노골적으로 언급하지는 않는다. "하나님께서 너를 두고 하나님의 천사들에게 명령을 내리셔서, 네가 가는 길마다 너를 지키게 하실 것이다. 천사들이 손으로 너를 떠받쳐, 네 발이 돌에 부딪히지 않게 할 것이다"(시 91:11-12). 이 언어들은 예수가 받은 시험을 충분하게 기술해 놓은 마태복음과 누가복음에서 사탄이 예수를 시험할 때 사용된다. 마가복음은 이 시편을 인용하지 않지만, 예수가 광야에서 배운 것이 바로 정확히 이 내용, 즉 천사들이 그에게 시중을 든다는 사실이다. 실제로 그 시편의 다음 구절은 "네가 사자와 독사를 밟을 것이며, 젊은 사자와 뱀을 발로 짓이길 것이다"(시 91:13)라고 말한다. 그 시편에서 하나님의 돌보심을 보여주는 징표로 표현된 두 가지 내용, 즉 짐승들을 다스린다는 내용과 천사들을 통한 하나님의 돌보심이라는 내용이, 예수가 받은 시험을 기술하는 마가의 간결한 설명 속에 합쳐져 있다.

그 영이 예수를 무자비하게, 심지어는 폭력적으로, 요단강에서 적대적인 사막으로 몰아낸 것은 바로 이 이유 때문이다. 예수는 지극히 높으신 분의 거처, 전능하신 분의 그늘(시 91:1)이 목가적인 요단의 강둑이나 매혹적인 환상 체험 속에서 발견되지 않는다는 사실을 그 사막이란 공간에서 배웠다. 오직 그 영이 그를 악의 세력과의 전장인 광야로 몰아낸 바로 그 지점에서, 예수는 하나님께서 시편 91편의 약속을 실현하셔서 천사와 짐승 모두가 그에게 수종을 들도록 명령하신다는 사실을 배울 수 있었다.

예수는 고된 사역을 감당하기에 앞서 세례를 받고, 광야에서 유혹과 시험을 당했다. 이 사실에 대한 마가의 이해 속에는 엄청난 교훈이 들어 있다. 예수는 그 장엄하고 비밀스러운 순간에 온화한 영을 받았다. 하지만 그 영은 예수가 지체하도록 내버려 두지 않았다. 그 영은 비둘기의 우아하고 온화한 모습으로 강림했지만, 곧바로 예수를 적대적인 지대로 몰아냈다. 예수가 자신의 소명을, 또한 자신을 돌보시는 하나님을 파악하기 시작한 곳은 초목으로 뒤덮인 요단강 변이 아닌 광야의 거친 모래 위였다.

이 이야기의 교훈은 너무나 명백해서 군이 장황하게 설명할 필요가 없다. 말하자면 그 거룩한 영은 그저 평화와 인내 같은 영의 열매를 주시는 분, 혹은 방언과 치유 같은 영의 은사를 주시는 분, 혹은 사도행전에 나오는 설교에서처럼 영의 능력을 주시는 분 정도에 그치지 않는다. 그 거룩한 영은 마치 귀신을 쫓아내거나 범죄한 눈을 뽑아버리는 것과 같은 엄청난 기세로 우리를 적군이 우글대는 지대로 몰아낸다. 우리는 예수에 관하여 배워야 할 게 너무나 많다. 우리는 지금보다 훨씬 더 많이 하나님을 경험해야 한다. 이 일은 영의 열매와 영의 은사, 성공적인 삶, 강력한 설교로 채워진 평화로운 경내에서는 가능하지 않다. 모든 상황이 이미 평화롭게 잘 풀리는 때라면 군이 짐승들과 평화를 이룰 필요가 없다. 전혀 위협이 없는 상황에서는 천사들의 시중도 필요하지 않다. 하나님의 돌보심을 더 발견하고자 한다면, 더 절실하게 하나님의 섭리

를 느끼고자 한다면, 우리를 공격하는 적들과 맞붙어보고 우리를
향한 적대감을 있는 그대로 느껴볼 필요가 있다. 그 거룩한 영이
우리를 광야로 몰고 사탄의 영역으로 밀쳐내고는 우리를 버려두
고 떠나는 이유가 바로 여기에 있다. 그럴 때면 마치 적대적인 짐
승들 사이에 놓인 것처럼 보일 것이다. 그 거룩한 영은 이런 상황
이 아니라면 우리가 결코 자진해서는 가지 않을 장소, 가지 않을
사람에게로 우리를 보낸다. 그 이유는 우리 역시 하나님의 사랑하
는 사람이며 하나님의 기쁨의 원천이라는 사실을 오직 그곳에서
만, 우리 자신의 실존이 위험에 처할 그곳에서만 인간의 가장 심오
한 수준에서 이해할 수 있기 때문이다.

끔찍한 약속

예수의 공생애 후반부에 이르면, 그의 관심사는 제자들 앞에
놓인 피할 수 없는 시험들과 임박한 파괴들로 바뀐다. 이 내용과
관련하여 예수가 제자들에게 주는 가르침은 그 거룩한 영에 관한
것으로, 마지막 날에 일어날 전 지구적인 선교와 관련된 내용이다.

이것은 너희 자신에 관한 이야기다. 조심하라. 사람들이 너희를
공회에 넘겨줄 것이다. 또 회당에서 너희가 매질을 당할 것이다.
또 너희가 나 때문에 총독들과 왕들 앞에 설 것인데, 너희가 그들

에게 증거가 될 것이다. 그리고 먼저는 복음이 모든 민족에게 전

파되어야 한다. 사람들이 너희를 법정으로 끌고 가 넘겨줄 때, 무

슨 말을 해야 할지 미리 걱정하지 마라. 그저 그 시간에 너희에게

주어지는 말을 그대로 하도록 해라. 말하는 이는 너희가 아니라

그 거룩한 영이기 때문이다. 형제끼리, 또 아버지가 자식을 배신

해서 죽게 하고, 자식이 부모를 거슬러 일어나서 부모를 죽게 할

것이다. 또 너희가 내 이름 때문에 모든 사람에게 미움을 받을 것

이다. 하지만 끝까지 견디는 사람은 구원을 받을 것이다. (막 13:9-

13)

예수는 앞으로 닥칠 끔찍한 시간을 예고한다. 저 말들의 의미

는 도대체 무엇일까?

예수는 그 거룩한 영의 임재를 만사를 밝고 아름답게 만들어

주는 원천으로 이해하지 않았던 것이 확실하다. 나는 그 거룩한 영

을 다음과 같이 이해하고 싶다. 그 거룩한 영은 풍부한 영적인 삶

을 위한 틀이며, 활기찬 기도 생활의 원동력이며, 생동감 있는 교

회 생활의 능력이며, 불신자들과 예수에 관하여 치열하지만 늘 우

호적으로 토론하는 삶을 가능케 하는 원천이다. 이처럼 제자들에

게 그 거룩한 영이 해 주어야 할 역할과 관련하여, 예수의 의견과

나의 의견은 분명히 다르다.

예수는 그 영이 제자들에게 도움이 될 단 하나의 상황을 따로

제시한다. 그것은 선교 상황에서 일어날 지독하고도 공공연한 핍

박이다. 예수는 오직 선교하는 가운데 그들의 의지에 반하여 공식
재판에 넘겨지는 사람들, 공식적인 경로를 통해서 처벌을 받게 될
사람들, 고위 관료들 앞에 끌려갈 사람들에게만 그 거룩한 영을 약
속한다. 그러한 때, 오직 그러한 때에만 그 거룩한 영이 그들 속에
서 그들을 위해서 말할 것이다.

사실 우리는 예수의 약속이 무엇인지 정확하게 집어낼 수 없
다. 조금 더 구체적인 내용은, 예수가 제자들에게 무슨 말을 해야
할지 '미리 걱정하지 마라'고 말씀하셨다는 사실이다. 말하자면 걱
정할 시간조차 없을 것이다. 어떤 표현을 써야 할지 고민할 시간도
없을 것이며, 계획하고 구상할 여유도 없을 것이다. 예수의 제자들
이 해야 할 말은 '그 시간에' 주어질 것이다. 이 표현은 특정한 시
간, 한순간을 가리킨다. 어떤 기간을 가리키는 표현이 아니다. 마
가는 '시간'이라는 단어를 딱 한 번 다른 상황에서 사용한다. 마가
는 예수가 "나의 하나님, 나의 하나님, 어찌하여 나를 버리셨나이
까?"라고 큰소리로 외친 그 시간을 '제9시'라고 기술한다(막 15:34).
그들이 해야 할 말은 미리 주어지는 것이 아니라, 이 특정 순간에,
시험의 시간에 주어질 것이다. 그런데 어떻게 주어지는가? 그때
말을 하는 이는 재판받는 그들이 아닌 그 거룩한 영일 것이다.

공개적인 핍박이라는 이 적대적 상황에 충분한 주의를 기울이
지 않는다면 예수의 약속을 그릇된 방향으로 적용하려는 유혹을
받을 수 있다. 이를테면, 그 거룩한 영이 각자에게 할 말을 공급하
실 것이기 때문에 우리는 강연이나 설교, 혹은 심지어는 타인과의

대화에 앞서 미리 준비하기 위해 힘겹게 노력할 필요가 없다고 생각하기 쉽다. "그냥 그 거룩한 영이 나를 통해서 말씀하시게 하면 돼." 그건 사실이 아니다. 예수는 지금 공식적인 핍박이라는 궁지에 빠진 신실한 제자들을 향해 그 거룩한 영을 약속하고 있다. 그들은 집과 마을에서 강제로 끌려 나와 재판정에 섰기 때문에, 무슨 말을 해야 할지 준비할 여유가 없었을 것이다. 다른 말로 하면, 이 약속은 공부하고 생각하고 묵상하고 계획하고 깊이 사고하고 사색하고 읽고 또 심사숙고하는 일을 게을리하는 것에 대한 변명이 될 수 없다.

그런데 이 내용은 이 약속에서 어려운 축에 들지도 못한다. 진짜 어려운 부분은 이어지는 다음 내용이다. 마가복음에 등장하는 그 거룩한 영에 관한 유일한 약속이 이 본문인데, 여기서 그 거룩한 영이 신자들에게 할 말을 주시는 목적은 성공적인 자기변호를 위함이 아니다. 그 영은 면책 조항도 **아니며**, 피고측 변호인도 **아니다**. 그 영이 하는 일의 목적은 열방에게 증거가 될 말씀을 전하는 것이다. 여기서 '증거'에 해당하는 그리스 단어는 '마르튀리온'(martyrion)으로 '순교'(martyrdom)라는 영어 단어와 같은 어원을 가지고 있다. 간단히 말해서, 마가복음에서 예수는 부활 이전에 딱 한 번 제자들에게 영을 약속하셨는데, 이 약속은 오로지 선교 활동에 참여하는 사람들에게만, 오로지 공식적인 핍박을 받는 사람들에게만 주어졌다. 그것도 오로지 그 영이 열방을 향해 증거할 것이라는 약속뿐이었다.

정말 놀라운 내용이다. 이 내용을 그럴싸하게 꾸미고 더 매력적인 상자에 넣어서 당신에게 전하면 좋겠다. 하지만 그렇게 하더라도 그 선물, 그 약속의 내용은 그대로일 것이다. 예수는 그 거룩한 영이 설득력 있는 말이나 역동적인 기적을 통해서 그들을 구출할 것이기 때문에 핍박을 견디고 살아남을 거라고 약속하지 않는다. 살아남는 길을 놓는 이는 적대와 미움에 직면해서도 '끝까지 견디는' 신실한 제자들이다(막 13:13). 이것은 그 거룩한 영의 영역이다. 그 영이 이야기하는 목적은 안도가 아닌 증거이며, 구출과 지원이 아닌 복음 전파이다.

마가는 그 영에 관한 이 간단한 관찰을 통해서 독자들의 시선을 그 영이 처음 등장했던 곳으로 돌린다. 영이 비둘기처럼 온화하게 강림한 직후, 영은 예수를 사막으로 몰아내서 야생 들짐승으로 가득 찬 세계 안에서 사탄과 전투를 벌이게 한다. 예수는 오로지 적개심과 미움에 직면해서야 그의 소명, 아들 됨, 종 됨의 깊이를 헤아릴 수 있었다. 평화로운 비전이 펼쳐진 평화로운 요단강 변의 경내가 아닌, 바로 그곳 광야에서야 그는 악과 전투를 벌여야 할 자신의 힘이 얼마나 큰지, 또 질서와 평화를 회복하고 사자들이 어린 양과 함께 뛰놀게 만들어야 할 그의 능력이 얼마나 경이로운지 파악하는 작업을 시작할 수 있었다. 우리가 그와 달라야 할 이유가 있을까? 우리 역시 약속을 받았다. 그 약속이 애매하게 보일 수도 있지만, 그 약속은 우리가 하나님을 아는 것, 그리고 하나님을 모든 민족에게 알리는 것과 관련된다. 우리는 구타와 재판과 투옥을 당하면서 적개심과 미움에 직면하게 될 것인데, 예수는 그런 상황에서 우리에게 맡겨진 임무의 깊이를 헤아릴 우리를 향해 그 거룩한 영을 약속하셨다. 영이 예수를 광야로 몰아낸 것처럼 우리를 그곳으로 몰아내지는 않겠지만, 우리가 그러한 처지에 있을 때 그 영은 그곳에서 우리를 만나실 것이다. 그 내용이, 오직 그 내용만이 예수의 약속이다.

클로이가 던져진 외딴 장소

예수의 끔찍한 약속이 정말 딱 맞아떨어지는 경우가 있다. 나는 그런 이야기를 들을 때마다 뒤통수를 얻어맞는 기분이었다. 몇 년 전 성탄절 파티에서 나는 월드비전(World Vision)에서 일하는 친구와 대화를 나누었다. 팀(Tim)은 케냐에서 일하는 동료에게 들은 이야기를 들려주었다. 케냐 사람들 중 몇 명이 그리스도인이 됐는데, 그 사람들이 원래 부족 마을로 돌아갔다가 순교를 당했단다. 당연히 팀은 동료에게 그들이 왜 돌아갔는지, 왜 죽을 것이 빤한 상황에서 위험을 무릅썼는지 물어보았다. 그 친구는 솔직하게 대답했다고 한다. "그게 복음이야."

그것이 **그들의** 복음이다. 또 의심의 여지 없이 그것이 바로 **예수**의 복음이었다. 또한, 확실히 스데반의 복음이기도 했다. 스데반은 예수에 관한 메시지를 전달하기 위해 목숨을 걸었고 실제로 목숨을 바쳤다. 하지만 그것이 나의 복음은 아닌 것이 분명하다. 나와 같은 북아메리카의 그리스도인 대다수가 붙잡고 있는 복음은 그런 복음이 아니다. 나는 그렇다고 상당히 확신한다. 내가 인터넷 서점 아마존에서 구입한 책들 중에서 "거룩한 영: 순교의 서막으로서의 기독교 증언의 원천"이란 제목을 가진 내용은 본 적이 없다. 하지만 우리는 예수의 예언을 되풀이해서 말해야 한다. 그가 그러한 말을 했기 때문이다. 예수가 너무나 명확하게 이 약속을 이야기했기 때문에 우리도 크고 분명하게 말할 필요가 있다. 예수는 하나님의 구출 계획을 약속한 것이 아니다! 우리는 이 사실을 되새겨야 한다. 그 영은 회당의 고관들, 지방 관리들, 판사들, 총독들의 마음을 감화시키고 감동시켜 그들로 고개를 숙여 회개하고 고소를 취하하게 만드는 일을 하는 것이 아니다. 그렇지 않다. 예수의 약속은 그 영이 증거해서 복음의 진리를 땅끝까지 전할 것이라는 내용이다. 복음 전파자들과 설교자들, 순교자들에게 주어진 그의 약속은 암울하다. "너희가 내 이름 때문에 모든 사람에게 미움을 받을 것이다"(막 13:13).

그것이 그 이야기의 마지막이다. 그 마지막은 예수 이야기의 시작과, 그리고 그의 세례와 묘하게 닮았다. 그리고 이 이야기를 따라 나는 동아프리카의 바람이 몰아치는 고원이 아닌, 시애틀의 우리 집 침실로 향한다. 그곳은 내 딸이 다음 날 등교를 위해 잠든 곳이다.

그 아이는 분노에 못 이겨 우느라 눈이 부은 채로 침대에 앉아 있었다. 나는 그 거룩한 영이 예수가 세례를 받고 난 후의 그 멋진 시간을 충분히 누리도록 허락하지 않았다는 사실을 그 아이에게 설명했다. 그 거룩한 영은 마치 귀신을 혹은 성전의 환전상을 내몰 듯이, 예수를 사막으로 몰아냈다. 그렇다면 시애틀의 상쾌한 일요일 아침에 예배를 드리면서, 혹은 기도 시간을 가지면서, 혹은 부모의 따뜻한 품에 안긴 채로 더 시간을 보내고 싶은 유혹을 받겠지만, 우리는 그 거룩한 영이 예수에게 그런 자유를 허락하지 않았다는 사실을 깨달아야 한다. 오히려 그에게 비둘기처럼 온화하게 강림했던 영은 **즉시** 그를 몰아냈다. 거룩한 영은 마치 그를 적에게 넘겨준 것처럼 보인다. 그를 내던져 버렸다. 하지만 실제로 거룩한 영은 그를 그가 받은 소명의 심장부로 이끌고 간 것이었다. 자신의 앞에 놓인 직무를 통렬하게 깨닫고, 특별히 '내 사랑하는 자'라는 고귀한 말의 의미를 더 견고하게 파악하도록 그를 인도하고 있었다.

　　클로이는 세례식의 감흥을 더 누리고 싶었을 것이다. 하지만 거룩한 영은 그녀의 믿음을 어떻게 구현해야 하는지, 그녀의 소명을 어떻게 파악해야 하는지, 어둠 한가운데서 하나님의 사랑을 어떻게 경험해야 하는지 가르치기 위해 그녀에게 왔다. 그날 저녁 우리 집에서 일어난 일은 동아프리카에서 순교자들이 겪었던 운명과는 비교할 수도 없고, 또한 예수가 받은 시험과도 견주지 못할 일이었다. 그 아이가 겪은 일이 사막에서의 40일 금식과 비슷한 경험일 수는 없다. 하지만 클로이는 우리가 불쾌한 상황 속에서 우리의 믿음과 씨름할 때 최선의 것을 가장 많이 배운다는 사실을 이해했다. 나는 그 아이가 예수의 본보기를 따라, 아빠의 품속에만 안겨 있을 수도, 그 공원에 있던 작은 임시 수영장에 오래 머물 수도 없다는 사실을 깨달았다고 생각한다. 대신 그 아이는 마음에 상처를 받는 상황 속에서 자신의 믿음을 탐험하고 자신의 소명을 파악할 필요가 있다. 예수는 자신이 하나님의 기름 부음을 받은 자이며, 하나님의 사랑을 받는 자이며, 하나님의 기쁨이며, 하나님의 종이며, 하나님의 아들이라는 강한 확신이 차오르던 장소에 있었지만, 그 영은 이 모든 확신이 검증받고 시험 당할 장소로, 혹독한 시련을 통해 그 확신을 재확인할 세계로 그를 몰아냈다. 예수도 오직 적대적인 환경과 맞섰을 때, 비로소 본격적으로 자신의 사역을 시작할 수 있었기 때문이다.

제8장
베드로의 찬양

이 장을 읽기 전에 숙지해야 할 성경 본문

- 사도행전 2:1-13
- 고린도전서 14:1-40

그 거룩한 영이 거대한 군중 안에 강력한 영향을 미치면 어떤 모습일까? 그런 광경을 직접 목도하고 기록한 내용이 여기 있으니 읽으면서 한번 상상해보라.

엄청난 군중이 모였다. 25,000명까지 추산하는 사람도 있었다. 그들이 웅성대는 소리는 마치 나이아가라 폭포의 굉음 같았다. … 노래 부르는 사람도 있고, 기도하는 사람도 있고, 굉장히 애처로운 목소리로 자비를 구하며 울부짖는 사람도 있고, 있는 힘을 다해 고함치는 사람도 있었다. … 내 심장은 격렬하게 뛰었다. 다리는 후들거렸고, 입술은 떨렸다. 왠지 땅에 쓰러져야 할 것 같은 느낌이 들었다. … 그때 눈앞에 펼쳐진 광경은 감히 형언하기 어려울 정도였다. 적어도 500명의 사람이 동시에 쓰러졌다. 마치

1,000개의 총이 한꺼번에 그들에게 발사된 것 같았다. 그리고 곧 이어 하늘을 갈라놓을 듯한 고함과 외침이 이어졌다.

양복을 빼입고 머리부터 발끝까지 치장한, 긍지에 찬 젊은 신사와 숙녀들이 경박하게 획획 움직였다. 그 모습은 내 웃음보를 자극했다. 한두 번 그렇게 움직일 때마다 그들이 쓰고 있던 고급 모자와 스카프, 머리핀이 떨어져 날아갔다. 갑자기 머리라도 흔드는 경우에는, 풀린 긴 머리카락이 흔들리면서 마부가 휘두르는 채찍 같은 소리를 냈다.

이 모임의 주최자 중 한 명이었던 바톤 스톤(Barton Stone)은 이 다양한 동작을 묘사한 적이 있다. 그는 갑작스럽게 몸을 움직이고, 춤을 추고, 외마디 소리를 지르고, 웃음을 터뜨리고, 뛰고, 노래하는 이 움직임들에 '운동'(exercises)이라는 표현을 붙였다.

이 글을 읽으면서, 토론토 블레싱(Toronto Blessing)이나 전 세계적으로 일어났던 그와 유사한 사건, 혹은 나이지리아의 오순절 철야 치유 예배가 떠오를 수 있겠다. 하지만 모두 아니다.

이 내용은 1801년 켄터키에서 일어난 케인 릿지 부흥(Cane Ridge revival)을 기술한 대목이다. 그 묘사를 보라! 무려 2세기 전에 일어난 한 부흥 사건 속에 이 모든 내용이 다 들어 있다. 그런데 이 모습은 그 후로 오랜 세월 동안 전 세계의 부흥 운동 전통에서 반복해서 나타났다. 그리고 그로부터 200년도 더 지난 지금, 격정의 황홀경에 이끌린 무리는 전 세계적으로 수백이 아닌 수천만 명의 규모가 됐다.

나는 얼마 전에 '오순절 살사 소스 모임: 불꽃 튀는 마음—불타 오르는 입술!' 행사에 초대하는 교회 소식지를 받았다. 그 속에 있던 초대장 내용을 한번 보자.

여러분 모두를 5월 31일 주일 교제실에서 진행될 오순절 기념식에 초대합니다. 이 행사는 2부 예배 후에 시작됩니다. 우리 마음은 거룩한 영으로 불타오르고, 우리의 입은 살사 소스로 달아오를 것입니다. 이번 오순절 기념식에는 나쵸 칩과 살사 소스 외에도, 무알코올 칵테일과 경쾌한 라틴 음악도 준비할 예정입니다. 이번 모임에서는 7월 1일부터 임기를 시작할 교회의 새 직원을 뽑기 위해 전 교인이 모이는 시간도 간단하게 가질 예정입니다.

이 소식지 속에서 거룩한 영의 영역은 인간의 마음이지 몸이 아니다. 이 소식지가 묘사하는 거룩한 영에 관한 그림 속에는 자지러지게 웃고 떠들고 신음하고 뛰고 들썩거리고 손수건이 날아다니고 바닥에 눕는 광경이 없다. 이 교회의 교인들이 그 모임에서 하게 될 일이라고는 그저 먹고 마시는 것뿐이다. 아마도 살사 소스로 가득한 입을 호호 불어댈지는 모르겠다. 그리고 볼펜을 손에 들고 교회 직원을 뽑기 위한 투표도 할 것이다.

이렇게 우리는 기독교의 두 분파를 살펴보았다. 이 둘은 서로 만날 수 있을까? 그리고 거룩한 영에 대해 옳은 쪽은 어디일까?

황홀경에 사로잡히는 쪽일까 아니면 점잖게 예배를 드리는 쪽일까? 몸을 들썩거리는 사람들일까 아니면 앉아서 무릎을 꿇는 사람들일까? 발작하듯 몸을 움직이는 사람들일까 아니면 교제실에 모이는 경건한 사람들일까? 누가 옳을까? 거룩한 영을 장악한 것은 어느 쪽일까?

내 관점에서 보자면 둘 다 아니다. 적어도 성경의 관점에서는 둘 다 아니다. 그 이유를 이제 설명해보겠다.

황홀경과 이해

내가 보기에, 예수의 죽음과 부활 이후에 찾아온 첫 오순절의 이야기 속에는 활력이 넘친다.

오순절 날이 이르렀을 때 … 홀연히 하늘에서 강하게 휘몰아치는 바람 같은 소리가 났고, 그들이 앉아 있던 집 전체를 채웠다. 불의 혀처럼 갈라진 혀들이 그들 가운데 나타났고, 그 혀는 각 사람 위에 내려앉았다. 그들은 모두 거룩한 영으로 가득 채워졌고 다른 언어로 말하기 시작했다. 그 영이 그들에게 그럴 능력을 주었기 때문이다.

… 이 소리를 듣고 군중들이 모여들었다. 그들은 당황했다. 그들의 귀에 각자의 모국어로 말하는 소리가 들렸기 때문이다. 그

들은 놀라고 신기해서 물었다. "지금 말하고 있는 이 사람들은 모두 갈릴리 사람이 아닌가? 그런데 이 사람들이 우리 각자의 모국어로 말하고 있다니, 이게 어떻게 된 일인가? … 그들이 하나님의 찬양받으실 만한 행위를 우리 각자의 언어로 말하고 있다니!" 그들은 모두 놀라고 당황하며 서로 이야기했다. "이게 무슨 의미일까요?" 반면 어떤 사람은 조롱하며 말했다. "그들은 새 술에 취한 것이다." (행 2:1-13)

사도행전의 이 본문은 실제 황홀경의 모습을 보여준다. 여기에는 (ㄱ) 영과 불이 있다. 그리고 어떤 행동이 있었는데, 구경하던 사람 중 적어도 일부는 그 행동을 술에 취한 증거로 여겼다. 만약 당신이 1세기 혹은 2세기의 로마 사람이었다면, 이 광경을 보고 즉시 영의 감동을 받은 통제 불능의 상태를 감지했을 것이다. '영으로 채운다'는 표현을 들었다면, 델피의 신비로운 동굴이 떠올랐을 것이다. 델피에서는 영감을 불어넣는 비범한 '프뉴마'(*pneuma*)가 여사제들을 채우면 그들이 예언한다고 알려졌었다. 로마 세계에서 영의 감동을 묘사하는 핵심 이미지였던 불은 남성과 여성 예언자를 상기시킨다. 그들이 하나님의 말씀을 이야기할 때면 그들은 불꽃처럼 타올랐다. 여기서는 '새 술에 취했다'는 평가가 조롱조의 비난이지만, 막상 당신이 그 표현을 들었다면 눈앞에 로마 작가들의 글이 어른거렸을 것이다. 로마 작가들은 영의 감동을 일으키는 불을 술의 효과에 견주었다. 술은 몸을 뜨겁게 달구어 (열의 효과처럼) 영의 감동을 위한 통로를 넓히며, 예언자들이 영의 감동을 받지 않은 제정신일 때에는 깨닫지 못할 생각을 볼 수 있도록 그들의 마음을 열어준다.

누가는 '프뉴마', 불, 술 취한 상태(그릇된 비난이었지만)를 연결시킴으로써 오순절 사건을 격상시킨다. 지금 누가는 델피나 다른 그리스 성지가 아닌 바로 이곳이 하나님의 영-숨이 제한 없이 현존하는 장소라고 로마 독자들을 향해 이야기하고 있다.

그렇다면 케인 릿지의 그리스도인들이 옳았던 것처럼 보인다. 그 거룩한 영이 감동을 일으키면 난장판이 된다. 웃고 춤추고 머리핀이 날아다니고 순수한 기쁨을 맛본다.

하지만 이 모습은 이 초대 교회 이야기의 반쪽에 불과하다. 누가는 이 황홀경을 완전히 이해 가능한 기적 하나와 섞어놓았다. '다른'이라는 한 단어가 이 사실을 우리에게 알려준다. 누가는 예수의 제자들이 '방언으로 말했다'가 아니라 그들이 '다른 방언으로 말했다'고 전한다. 로마 제국의 구석구석에서 모인 청중들이 예수의 첫 제자들이 한 말을 이해할 수 있었던 것은 이 다른 사투리 때문이었다. 그런데 이 방언에는 동일한 내용이 있었으니, 바로 하나님의 찬양받으실 만한 행위들이었다. 놀랍게도 구경하던 사람들은 하나님의 찬양받으실 만한 행위들을 각자의 고향 말로 들을 수 있었다. 이 사실은 황홀경에 관한 중요한 내용을 알려준다. 즉, 황홀경의 목적은 하나님의 사역을 완전하고 완벽하고 명확하게 (심지어 기적이라 할 정도로 명확하게) 전달하는 데 있다. 황홀경 자체를 위한 황홀경은 없다. 황홀경의 목적은 하나님께서 행하신 찬양받으실 만한 일들을 설명하는 내용을 분명하고 이해할 수 있는 언어로 전달하는 데 있다.

유사한 사건이 사도행전의 뒷부분에도 등장한다. 그 사건에서 거룩한 영은 전통적인 인종의 장벽을 허무는 데 있어 중요한 역할을 한다. 고넬료는 경건한 로마인이었지, 분명 철두철미한 유대인이 아니었다. 이 고넬료의 집을 베드로와 예루살렘에서 온 그의 친구들이 방문하는 동안, 거룩한 영이 유대인이 아닌 이방인에게 내려왔고, 그들은 이 일에 큰 충격을 받았다. "베드로와 함께 온 할례받은 신자들은 거룩한 영의 선물이 이방인에게도 부어졌다는 사실에 놀라움을 금치 못했다. 그들이 방언으로 말하고 하나님을 찬양하는 소리를 들었기 때문이다. 그러자 베드로가 말했다. '우리가 성령을 받았듯이 이 사람들도 성령을 받았으니, 이들에게 물로 세례를 주는 것을 누가 막을 수 있겠습니까?'"(행 10:45-47). 방언으로 말하는 행위는 이 이야기 속에서 다른 내용과 무관하게 일어난 고립된 행위가 아니다. 방언은 찬양과 묶여있다. 게다가 찬양의 등장은 이 이야기를 사도행전 2장의 오순절 이야기와 이어주는 밧줄과 같다. 사도행전 10:46의 동사 '찬양하다', '메갈뤼네인'(*megalynein*)은 오순절 이야기에 나오는 명사 '찬양받으실 만한 행위들', '메갈레이아'(*megaleia*)와 같은 어근이다. 소위 이방인의 오순절 사건도 먼저 예루살렘에서 일어난 오순절 사건처럼 이해 가능한 찬양과 방언의 신비를 결합하고 있다. 다시 한번, 황홀경 자체를 위한 황홀경은 없다. 황홀경은 언어로 표현되는 메시지를 낳는다. 영의 감동을 받아서 하나님의 찬양받으실 만한 행위들을 말로 표현한다.

이어지는 초대 교회 이야기에 그런 내용이 또 나온다. 에베소에서 바울은 일단의 제자들을 만난다. 그들에 관한 정보는 그들이 거룩한 영에 관한 이야기를 들어본 적이 없다는 사실 정도다(행 19:1-7). 그런데 바울이 그들에게 안수했을 때, "거룩한 영이 그들에게 내려왔고, 그들은 방언도 하고 예언도 했다"(행 19:6). 여기 세 번째 등장에서도 방언은 따로 홀로 등장하지 않는다. 그 경험은 예언과 매우 밀접하게 연결되어 있다. 예언은 찬양과 마찬가지로 늘 명쾌한 내용을 담고 있다. 초대 교회에서 예언은 미래에 관한 내용을 담고 있었는데, 드물게 등장하지만 그 내용은 항상 굉장히 명쾌했다. 예를 들면 예언자 아가보는 장차 기근이 닥칠 것을 정확하게 예고했다(행 11:27-28). 유다와 실라(그들 자신도 예언자였다)가 편지를 전달하도록 안디옥으로 파송된 목적도, 이방인 신자들이 할례를 받지 않아도 된다는 예루살렘 공의회의 결정을 가능한 한 분명하게 전달하는 것이었다(행 15:22, 27, 32). 그렇다면 다시 한번, 황홀경 자체를 위한 황홀경은 없다. 황홀경의 목적은 이해 가능한 내용을 전달하는 데 있다.

누가는 이렇게 방언에 관한 탁월한 삼중주를 작곡했고, 수수께끼 같으면서도 이해가 가능했던 발화 행위를 이 삼중주를 통해 동시에 아우를 수 있었다. 최초의 그리스도인들이 오순절에 거룩한 영으로 채워졌을 때, 그들은 하나님의 찬양받으실 만한 일들을 이

해 가능한 외국 방언으로 표현했다. 고넬료의 집에서 이방인들이
방언을 했을 때, 그들 역시 적극적으로 찬양에 동참했다. 에베소에
서 신비로운 제자들이 방언으로 말했을 때, 그들은 실제로 의미가
있고 이해할 수 있는 내용을 말하는 행위, 즉 예언도 했다. 누가는
이렇듯 세 번에 걸쳐, 영의 감동을 받는 사건의 한 형태인 방언을
하나의 순간 속에 묶어 놓았다. 방언은 황홀경의 순간을 경험하면
서 동시에 분명하고 이해 가능한 방식으로 찬양과 예언의 말을 선
포하는 순간이다.

　누가가 사도행전을 통해 공들여 소개하는 세계는 비범하다. 이
세계는 위에서 온 징조들과 아래에서 온 기사들로 가득 차 있다(행
2:19). 그곳은 베드로가 마리아의 집 대문을 두드렸을 때, 천사라고
오해를 받았던 세계다(행 12:12-17). 그곳은 악한 영들조차 하나님의
명령에 순복해서 악한 인간을 벗은 몸으로 몰아내는 세계며(행
19:11-20), 노예 소녀 안에 있던 점치는 귀신들도 인류를 향한 하나
님의 계획의 정수를 파악하는 세계다(행 16:16-18). 이 세계는 정말
불가사의하다. 종잡을 수 없이 휘몰아치는 바람에 떠밀리는 현기
증 나는 세계이다. 하지만 이 세계는 예상치 못하게 불어오는 통제
받지 않은 하나님의 영-숨이 이해를 통해서 제지를 받는 곳이기도
하다. 이곳에서 신비는 이해를 가능케 하는 촉매 역할을 한다. 이
곳에서 방언은 구체적인 내용을 담고 있는데, 영의 감동을 받아 그
내용을 유대인 디아스포라의 모든 언어를 숙달해서 말하는 형태
로 혹은 찬양의 형태로 혹은 예언의 형태로 표현한다. 이곳에서 영

의 감동을 받은 언어는 아무렇게나 되는대로 급하게 튀어나오는 말이 아니라, 하나님께서 하신 찬양받으실 만한 일들을 선포하는 내용이다.

두 개의 기독교

앞에서 내가 케인 릿지와 오순절 살사 모임을 비교한 이유는 이 두 모임이 두 개의 기독교를 상징하기 때문이다. 나는 시간이 이렇게 흘러가면 나중에는 기독교가 하나가 아닌 두 개가 되지는 않을까 걱정이 된다. 이 둘 사이를 나누는 선은 적어도 부분적으로는 다음 질문에 대한 의견 차이다. '그 영은 과연 거창한 영적 경험 속에서 등장하는가 아니면 예측 가능한 일상의 삶 속에서 등장하는가?' 마찬가지로 나는 황홀경이란 심장이 남반구의 개발도상국에서만 활발하게 뛰고 있는 것은 아닌지 걱정이 된다. 실은 지리 정치적인 강력한 구분 때문에 그 영을 체험하는 방식에도 차이가 나는 것인데, 혹시 그런 체험 방식의 차이 때문에 두 개의 기독교가 생긴 것은 아닐까?

나는 학생들에게 이 질문을 던지곤 한다. 나는 영성의 형성을 주제로 한 대학교 1학년 강의 시간에, '성공회 기도서'와 '샌드 마운틴에서의 구원'(Salvation on Sand Mountain)을 읽게 했다. 두 번째 책은 애팔래치아 지방의 스네이크 핸들러(snake handler: 막 16장을 근거로 독사를 손으로 집어도 물리지 않는 것을 믿는 자의 표징으로 여기고 예배 시간에 독사를 집는 행위를 하는 종파의 사람들—역주)를 다룬 매우 흥미로운 책이다. 이 책들에서 인용한 다음 두 문구를 살펴보면, 황홀경과 이해 사이, 케인 릿지와 살사 모임 사이에 존재하는 긴장의 양 끝을 분명히 확인할 수 있을 것이다. 성공회 기도서에 포함된 간단한 문구를 보자. 이 문구는 그 영의 사역을 성례와 물세례의 맥락 속에 둔다.

그 거룩한 영은 세례식에서 당신을 인치십니다.

그 영의 인침은 확실하고 부인할 수 없으며 유효한 조치이다. 이 조치는 그 사람이 그 거룩한 영의 임재를 생생하게 느끼는지의 여부와는 무관하다.

성공회 기도서의 이 문구를 샌드 마운틴의 스네이크 핸들러 중 한 사람인 세실 형제에 대한 기술과 비교해보라.

여기 진정으로 성령의 기름 부음을 받은 한 남자가 있다. 그는 무아지경 상태가 되어, 이마에 난 땀을 방울뱀으로 닦을 것이다.

그 영의 사역은 너무나 강력하고 비범해서, 세실은 정신을 잃은 채 독사를 들어 이마를 닦는다.

정말 좁히기 힘든 간극이다. 정말 유감스러운 유산이다. 정말

빈틈 많은 각본이다. 그런데 나는 그 각본을 너무나 잘 알고 있다. 나는 이미 앞 장에서 아내 프리실라가 감리교 목사로 처음 사역했던 교회에 대한 이야기를 했다. 그 교회는 이런 분열만 아니면 건강했을 테지만 이 문제로 큰 상처를 입은 교회였다. 언젠가 그 교회의 성도들 중 일부가 평신도 모임에 참석했다가 방언을 하기 시작했다. 그들은 힘과 활력이 넘치는 모습으로, 아마도 너무 넘치는 상태로 교회로 돌아왔지만 강한 저항에 부딪혔다. 이어서 무슨 일이 뒤따랐겠는가? 불신(Distrust)과 묵살(Dismissal)과 무시(Disdain). 그리고 그들 중 일부는 교회를 떠났다. 이 '성령 쇄신'을 경험한 사람들 가운데 교회에 남은 일부는 다수의 전통주의자들에게는 계속해서 눈엣가시였다. 그 영은 화합이 아닌 분열을 낳았다. 그 분할선은 예수의 인격이나 하나님의 성품과 관련된 견해 차이가 아니었다. 전쟁의 불씨는 그 거룩한 영이 감동을 줄 때 즉흥적인 행동을 낳느냐 아니면 차분한 영성을 낳느냐의 여부였다. 애석하게도 어쨌든 그 교회는 양쪽 모두를 보듬었던 초대 교회의 비전을 되살리지 못했다.

　분열에 관한 이 이야기를 적는 동안, 프리실라의 첫 목회 경험보다 더 과거의 일이 떠오른다. 이 책의 첫 페이지에서 이미 했던 이야기다. 롱아일랜드의 습한 여름날 주일 오후, 한 젊은 목사는 신비를 공중으로 날려버렸다. 나는 이 사람을 그저 무지한 한 사람이라며 무시할 수도 있었다. 하지만 몇 년 후 그 섬의 한 교회 지도자가 남들이 다 듣는 가운데 나에게 휘튼대학교에 가지 말라는 충고를 하는 바람에 그 사건이 생각이 났다. "내가 들어보니 그 대학에서는 방언을 한다고 하더구나." 그가 하는 말의 구체적인 의미가 무엇인지, 또 도대체 방언이란 게 무엇인지 알 길이 없었다. 하지만 다음과 같은 **진짜 의도**는 분명하게 알아들었다. "너는 적들의 영토로 들어가려는 거야. 그곳 사람들은 우리가 이해할 수도 없고 통제할 수도 없는 행동을 한다는구나." (사실 일부 은사주의 성공회 교인을 제외하면 휘튼대학교에서 방언을 하는 학생은 없었다고 봐도 무방하다.)

그 새내기 목사가 내 부모님 집의 접이식 의자에 앉아 방언은 고려할 가치도 없다고 무시해버린 그날 이후로 40년이 흘렀다. 그가 아무렇지도 않게 방언을 무시하는 모습에 마음이 불편했지만, 그때는 그 이유를 정확하게 집어낼 수 없었다. 하지만 지금은 안다. 그 고루한 영성을 샌드 마운틴 기독교, 케인 릿지, 켄터키의 영성과 구분하고, 살사 다과 모임의 영성과도 구분하는 소모적인 교착상태가 여전히 지속되고 있다. 하지만 오랜 전통을 가진 주류 교회에 소속된 사람의 경우에는, 전 세계의 수많은 사람이 이성보다는 감정과 연관된 경험에, 그리고 질서정연한 성례전보다는 방언에 마음이 끌리고 있다는 사실을 인식하기만 한다면, 전 세계적인 교회의 흐름에 동참할 수 있을 것이다. 역으로 오순절주의자의 경우에, 최초의 교회가 황홀경 속에서 보았던 실제는 (황홀경 자체가 목적이 아니라) 목적을 위한 수단으로서, 분명하고 알아들을 수 있는 강력한 언어, 하나님의 찬양받으실 만한 행위들을 노래하는 찬양, 그리고 명쾌한 예언이었다는 사실을 인식하는 데서 도움을 받을 수 있을 것이다.

없어서는 안 될 황홀경

누가와 마찬가지로 바울도 황홀경과 명확한 사고 사이의 건강한 긴장을 찬성한다. 하지만 고린도 교인들은 다른 성령의 은사보다 방언의 은사를 지나치게 치켜세워서 바울의 심기를 불편하게 했다. 사실 바울의 논의는 부드럽고 배려가 넘친다. 우리는 그 내용과 어조에서, 또 고린도 교인들의 오류를 교정하면서 동시에 그들을 인정하려는 바울의 너그러운 노력에서 굉장히 많은 것을 배울 수 있다. '생각 없음'과 '이해 가능성' 둘 다를 능숙하게 포용하는 바울의 능력은 누가에 비해 훨씬 더 뛰어나다. 왜냐하면, 바울은 심지어 부상자 선별 작업을 하면서 이 둘을 종합하고 있기 때문이다. 바울은 편안한 의자에 앉아 쉬면서 자신의 견해를 구술하고 있는 것이 아니다. 그는 골절을 당해 기진맥진한 고린도 교회의 출혈 부위를 어떻게든 지혈하려고 노력하는 와중이었다.

방언은 여러 분명한 문제를 초래하고 있었지만 (특별히 너무나 불필요한 행태였던 영적 은사에 서열을 매기는 문제, 이 서열에서 가장 높은 위치를 차지했던 것이 방언이다), 그럼에도 바울은 방언이 지닌 황홀경의 성격을 진심으로 포용했다. 그는 방언이 '내 영은 기도하나 내 마음은 비생산적인' 기도의 형태라고 인정한다(고전 14:14). 방언은 황홀경,

즉 자신을 벗어나는 상태의 전형이다.

롱아일랜드의 그 목사는 방언을 몰아내려 했지만, 바울은 그렇지 않았다. 고린도 교인들이 방언을 아무리 심각하게 왜곡한들, 바울에게는 목욕물과 함께 아기까지 버릴 마음이 없었다. 그는 그 은사를 굉장히 높게 평가했다. 하지만 그는 고린도 교인들이 방언의 황홀경에만 집착하는 행태에서 벗어나 이해의 능력을 제대로 평가하도록 인도하고 싶었다. 그래서 그런 노력의 일환으로 몇몇 세밀하고 민감한 교정책을 제시한다.

바울은 고린도전서 12:4-11에 작성된 성령의 은사 목록에서, 지혜와 지식을 **처음에** 두고 방언과 방언 통역은 **마지막에** 배치했다. 이 순서에는 방언이 영의 감동을 받은 지혜와 지식의 유일한 원천 혹은 제일의 원천은 아니라는 뜻이 함축되어 있다. 바울은 같은 편지의 나중에 등장하는 다른 목록에서도 다시 한번 방언과 방언 통역을 목록의 마지막에 배치한다. 첫째는 사도, 둘째는 선지자, 셋째는 교사, 그다음은 능력, 그다음은 치유의 은사와 돕는 것과 지도하는 것이며, 그다음이 다양한 종류의 방언이다(고전 12:27-28). 역량 있는 지도력을 갖춘 사도들, 선지자들, 교사들이야말로 '더 큰 은사'(고전 12:31)를 지탱하는 탄탄한 기반이다.

바울이 말하지 않은 내용도 바울이 말한 내용만큼 중요할 수 있다. 바울은 또 다른 성령의 은사 목록인 로마서 12:3-8과 에베소서 4:11-12에서는 방언을 아예 언급도 안 한다.

바울은 고린도전서의 더 뒷부분에서 다시 한번 고린도 교인들의 우선순위에 이의를 제기한다. 그는 14:2-4에서 공동체를 세우기 위해 방언보다 예언의 은사를 추구하라고 충고한다. "방언하는 사람은 다른 사람에게 하는 것이 아니라 하나님께 하는 것이다. 또 그들의 말을 이해하는 사람이 아무도 없는 것은, 그들이 영 안에서 비밀을 말하기 때문이다. 반면 예언하는 사람은 다른 사람을 세우고 격려하며 위로하기 위해서 다른 사람에게 말한다. 방언하는 사람은 자신을 세우지만, 예언하는 사람은 교회를 세운다."

바울은 고린도전서의 이 지점부터 초점을 방언에서 방언 통역으로 옮긴다. 그는 **통역 없는** 방언에 비해 통역 있는 방언에는 덜 불편한 모습이다. 바울은 "나는 너희가 모두 방언하기를 원하지만, 예언하기를 더욱더 원한다"며 방언을 수용한다. 하지만 "누군가 통역하여 교회에 도움이 되게 해주지 않는다면" 방언보다 예언이 훨씬 더 큰 은사라고 털어놓는다(14:5). 다른 말로 하면, 방언은 그 메시지에 통역이 수반될 때 특별히 중요한 의미를 지닌다. 따라서 방언하는 사람은 통역 능력을 달라고 기도해야 한다. 그래서 주변 사람들이 그의 말을 듣고 동의해서 아멘이라 화답하고, 세움을 받으며, 교훈을 얻을 수 있게 해야 한다(14:13-19). 사도행전에서와 마찬가지로 방언은 그 자체가 목적이 아니다. 무념무상의 상태는 지적인 의사소통 없이 만끽해야 하는 경험이 아니다. 황홀경의 진정한 마무리는 알아들을 수 있는 말이어야 한다. 그래서 다른 사람이 그 말을 듣고서 "그 말이 진리입니다! 아멘!"이라고 응답할 수 있어야 한다.

바울에게는 해야 할 경고가 아직 남아 있었다. 그는 무념무상의 경험이 무의미한 행위로 전락할 수 있다고 경고한다. 방언은 최악의 경우 방언하는 사람만 유익을 얻는 지껄임이 될 수도 있다. "그들의 말을 이해하는 사람이 아무도 없는 것은, 그들이 영 안에서 비밀을 말하기 때문이다"(고전 14:2). 불분명한 음으로 서투르게 전투 신호음을 내는 전쟁 나팔처럼, 방언은 '알아듣지 못할 말'이요 '허공에다 말하는 것'이어서(고전 14:8-9), 말하는 사람과 듣는 사람을 서로 말이 통하지 않는 외국인으로 만드는 행위가 될 수 있다(고전 14:11). 또 방언은 처음 듣고는 아무도 이해할 수 없기 때문에 '아멘'이란 반응을 일으킬 수도 없다(고전 14:16). 게다가, 모든 신자가 방언하고 있는 교회 모임에 불신자가 참석했다면, 믿고 싶은 마음이 싹 사라지면서 "당신들은 미쳤다"는 반응을 보일 것이다(고전 14:23).

바울은 계속해서 성령의 은사를 자세하게 논의하면서, 모든 것이 공동체를 '세우는 목적으로' 시행되어야 한다는 분명한 우선순위를 고린도 교인들에게 강조한다(고전 14:26). 바울은 이를 위해 굉장히 현실적인 충고를 던진다. 말하자면 예배를 드릴 때 모든 은사는 질서를 따라 한 번에 하나씩 시행되어야 한다. 방언이든 예언이든 찬양이든 계시이든 순서대로 차례차례 일어나야 하며, 그동안 다른 사람은 모두 조용히 있어야 한다(고전 14:26-33). 이 충고 속에 함축된 의미는 통역과 방언이 통제된 행위이며 통제될 수 있는 행위라는 것이다. 그 은사들은 부지불식간에 일어나는 경험이 아니

다. 켄터키의 케인 릿지에 모였던 수많은 사람이 했던 경험과는 다
르다는 의미다. 그래서 바울은 방언하는 사람들을 향해 통역이 없
는 경우라면 교회에서는 잠잠하고 방언의 대상을 자기 자신과 하
나님만으로 제한하라고 충고한다(고전 14:27-28). 왜 그래야 하는가?
그 이유는 이 은사들의 목적이 공동체를 가르치는 데 있기 때문이
다. 은사들이 통제되지 않는다면, 그리고 분명한 통역이 동반되지
않는다면, 공동체를 가르칠 수 없다.

　마지막으로 바울은 방언을 위한 최적의 영역으로 사적이고 개
인적인 기도를 추천하면서 자신의 경험으로 되돌아온다. 바울은
은근히 자랑하는 태도로 자신이 고린도 교인 모두보다 방언을 더
많이 하는 것에 대해 하나님께 감사드린다. 그렇지만 바울은 자신
의 개인적인 기도 생활의 중요성을 표현함에도 불구하고 '다른 사
람에게도 교훈을 주기 위해' 사람들 앞에서 온전한 정신으로 다섯
마디 말을 하는 것이 낫다고 말한다(고전 14:19). 반면 바울이 공공
예배에서 은사를 사용할 때 질서와 이해 가능성을 강조함에도 불
구하고 결코 방언을 포기한 적이 없으며 방언이라는 사적 경험을
전심을 다해 옹호한다. 고린도 교인들은 영의 감동을 아이의 옹알
이로, 하나님의 질서를 난장판으로 전락시키고 있었다. 그럼에도
바울은 황홀경을 포기하지 않았다. 황홀경을 이해 가능한 말에 필
수불가결하게 동반되는 요소로 보았기 때문이다.

　바울은 방언을 남용하는 고린도 교인들과 맞서야 하는 상황에
서 관대한 태도로 대응한다. 방언을 완전히 배격하지 않는다. 오히

려 황홀경에서 하는 말은 오직 교회를 세우는 데 도움이 될 때만 사용되어야 하며, 그것도 이해 가능한 말, 질서 잡힌 예배와 동반되어야 한다는 사실을 알려줌으로써 은사의 남용을 막는다. 그는 미묘한 단계를 따라 이런 주장을 펼치면서, 규제 없는 통제 부재의 상태는 교회의 삶에 큰 위협이며, 황홀경 없는 질서 역시 상상할 수 없다는 사실을 보여준다. 황홀경과 명쾌한 말은 떼어낼 수 없는 동료 같다. 이 둘은 서로를 위해 존재한다.

오늘날의 그리스도인들은 고린도전서에 나타난 바울의 아량도, 사도행전의 광대함도 이어받지 못했다. 대신 우리는 거대한 분열을 이어받았다. '성령의 기름 부음을 받을 때' 무아지경이 되어 '이마에 난 땀을 방울뱀으로 닦는' 세실 형제와 성공회 기도서에 '성령께서 세례식에서 당신을 인치십니다'라고 성문화된 그 오랜 믿음 사이에 금을 긋는 분열 말이다. 우리가 몸담고 있는 교회 안에는, 머리핀이 날아다니는 오순절을 기념하는 사람도 있고, 교제실에 모여 살사 다과 모임을 하며 오순절을 기념하는 사람도 있다. 우리가 이어받은 능력은 이처럼 분리된 교회를, 심지어 불협화음까지 내는 두 가지 형태의 기독교를 영원히 존속시키는 능력이다.

하지만 성경은 (고전 12:31에서 바울이 사용한 표현을 빌리자면) **더 온전한 길**을 제시한다.

우리가 21세기라는 상황에서 생존하고자 한다면, 아니 번창하고자 한다면, 뿌리로 돌아가서 신약성경의 초대에 응해야 한다. 신약성경은 우리에게 모두 같은 문으로 들어가서 함께 걸으라고, 심지어는 함께 예배 드리라고 이야기한다. 우리는 그 거룩한 영을 서로 너무 다른 방식으로 경험한 나머지, 이편은 혼란 쪽으로, 저편은 질서 쪽으로 마음이 기울어져 있는지도 모르겠다. 그렇더라도 더불어 황홀경을 포용하는 방법을 배울 수 있다는 희망의 불씨는 여전히 남아 있지 않을까?

오순절과 찬양

겉으로는 도저히 화해시킬 수 없을 것 같은 이 분열을 어떻게 해결할 수 있을까? 나에게 한 가지 생각이 있다. 그 생각은 몇 쪽 앞에서 언급했던 '하나님의 찬양받으실 만한 행위들'과 관련이 있다.

예수의 제자들 각자에게 불의 혀 같은 모습으로 나타난 그 거룩한 영은 그들을 감동시켜 하나님의 찬양받으실 만한 행위들을 찬양하게 했고, 오순절 축제를 위해 각국에서 몰려든 엄청난 규모의 유대인이 그 찬양을 들었다. "하나님의 찬양받으실 만한 행위들", '타 메갈레이아 투 테우'(ta megaleia tou theou)는 하나님께서 이스라엘의 역사를 통해서 하신 위대한 행위들을 표현하는 줄임말이다. 이를테면, 신명기에서 모세는 이제 곧 약속의 땅으로 들어갈 지점에 서 있는 이스라엘에게 다음과 같은 내용을 상기시킨다.

그것은 너희 자녀들이 아니다. … **하나님의 찬양받으실 만한 행위들**을, 하나님의 강한 손, 하나님의 펴신 팔을, 그리고 하나님께서 애굽에서 애굽의 왕 바로에게, 또 그의 땅 전체에 행하신 이적과 기사를, 또 하나님께서 애굽 군대와 그들의 말과 병거에 행하신 일을, 그들이 너희를 추적할 때 하나님께서 홍해 물로 그들을 덮어 괴멸시킨 일이 오늘까지 이르렀다는 사실을, 또 너희가 이곳에 도달할 때까지 광야에서 하나님께서 너희에게 행하신 일을 인정해야 할 사람들은 바로 너희다. (신 11:2-5)

이스라엘의 위대한 시집에서 가장 웅장한 시편 중 하나는 다음과 같이 시작한다.

주께 감사하고, 하나님의 이름을 불러라.
하나님의 일들을 만민 중에 알려라.
하나님께 노래하며, 하나님께 찬양을 불러 드려라.
하나님의 찬양받으실 만한 행위들 모두를 이야기하라. (시 105:1-2)

시편 105편에는 이 내용에 이어서 하나님의 찬양받으실 만한 행위들이 광범위하게 기술된다. 아브라함에서 시작하여 놀라운 출애굽 사건에 이르는 이야기, 또 애굽에서 시작해서 하나님께서 기적적으로 이스라엘을 돌보신 광야에 이르는 이야기가 등장한다.

오순절 축제 기간에 그 거룩한 영이 예수의 제자들을 처음으로 채웠을 때, 그들이 낭독했던 내용은 이스라엘 성경의 근간을 이루는 그 찬양받으실 만한 행위들이었다. 누가는 오순절에 사람들이 여러 방언으로 말했다는 이야기를 들려주는데, 그 이야기는 신기한 소리와 돌풍을 강조하고 불의 혀같이 갈라진 혀에 초점을 맞춘다. 이 모든 내용에도 불구하고 먼지가 가라앉고 난 후 표면에 드러나는 것은 하나님의 찬양받으실 만한 행위들을 시원하고 명쾌하게 낭독했다는 사실이다. 그 행위들이란 하나님께서 이스라엘을 위해서 행하신 일들이었다.

베드로가 오순절에 일어난 이 사건을 설명하기 위해 일어섰을 때, 그는 방금 겪은 비범한 경험에 집중하지 않았다. 그 정신적 혼란 상태에 우호적인 태도를 보이지도 않았다. 그는 그 일이 반복해서 일어날 수 있도록 거룩한 영을 받는 방법을 설명하지도 않았다. 오히려 그는, 당신이 내 설명을 제대로 따라왔다면 예상할 수 있는 바로 그 일을 했다. 베드로는 넋이 빠진 청중의 관심을 그가 물려받은 유산으로 돌린다. 말하자면 이제 예수 그리스도의 삶과 죽음, 부활, 그리고 승천까지 포함하는 내용으로 확대된, 유대인 청중의 소중한 유산으로 돌린다.

베드로는 요엘의 환상을 인용하는 것으로 오순절 설교를 시작한다. 요엘에 따르면, 말세에 자녀들이 예언하고 젊은이들이 환상을 보며 늙은이들이 꿈을 꾸고 남종과 여종이 그 영을 받고 예언할 것이다. 요엘 인용은 시작일 뿐이다. 그의 설교는 계속해서 시편 16:8-11, 시편 16:10, 시편 110:1을 인용하고, 열왕기상 2:10, 시편 132:11, 이사야 32:15, 이사야 57:19, 신명기 32:5의 한 토막을 가져온다. 베드로는 성경 지식이 정말 풍부했다. 그는 하나님의 찬양받으실 만한 일들을 담은 보고인 성경을 **철저하게** 알고 있었다.

최초의 교회에서 그 거룩한 영이 가장 생생하게 감지됐던 순간은 언제일까? 바로 영의 감동을 받은 예수의 제자들이 성경에 담긴 하나님의 찬양받으실 만한 행위들을 예수의 진실하심을 증언하는 자료로 해석할 때였다. 우리는 오순절 훨씬 이전부터 이런 작업이 일어났음을 앞서 확인한 바 있다. 예수의 죽음 이후가 아닌 예수의 탄생 직후에 이미 이런 작업이 시작됐다. 아기 예수를 품에 안고 거기 하나님의 구원이 누워 있음을 파악했던 나이 든 시므온의 사례를 잠깐 되새겨보자. 시므온은 '이스라엘의 위로', 즉 예언의 책 이사야서의 결론부에 너무나도 강렬하게 기술된 그 구원을 기다리고 있었다. 이 비전이 시므온의 마음을 채우고 있었고, 또 그 비전이 불씨가 되어 타오른 기대가 그의 소망을 형성하고 있었다. 심지어는 아기 예수를 보고 내뱉은 그의 말들 역시 그 기원을 추적하면 이사야 40-55장에 있는 종의 노래다. 다른 말로 하면, 이사야서에 대한 시므온의 앎은 굉장히 조예가 깊고 면밀했으며, 그래서 그때가 도래했을 때 그 영은 그를 감동시켜 이사야의 말들이 그의 생전에, 이 아이의 삶과 죽음을 통해서 성취될 것임을 깨닫게 했다. 성경 연구와 성경에 대한 순전한 앎이 그가 영의 감동을 받아 예수를 알아볼 수 있도록 길을 놓은 것이다.

연합의 약속

내가 방언 옹호자와 방언 반대자 사이를 이어줄 실제적인 방안으로 제시하고자 하는 내용이 바로 여기에 들어있다. 나는 성경 연구와 성경에 대한 순전한 앎이 우리 자신이 영의 감동을 받아 예수를 알아볼 수 있도록 길을 열어 주리라고 본다. 구체적인 사례를 하나 제시해보겠다. 프리실라와 제레미, 클로이와 나는 한 식당으로 들어갔다. 내가 메뉴를 정하는 데 시간이 오래 걸릴 것을 아는 나머지 식구들은 시시덕거리며 나를 놀리려는 것 같았다. 실제로 그랬다. 나는 뭘 먹을지 망설이고 있었다. 메뉴판도 두껍고 메뉴도 많아서 더 혼란스러웠다. 식당 직원 한두 명에게 어떤 메뉴를 최고로 꼽는지, 또 직원들은 휴식시간에 어떤 메뉴를 먹는지 물어보았다. 그런 후에 마음을 가다듬고 뭘 먹을지 생각을 집중했다. 산란해진 내 자아를 정리하는 데 시간이 조금 걸렸지만, 일단 진정이 되자 이내 고분고분한 손님이 되어 즐거운 저녁 식사를 할 준비가 됐다. 나는 교회의 상태도 산란해진 내 자아와 비슷하다고 생각한다. 즉, 집중을 방해하는 온갖 문제와 위기에 정신을 빼앗긴 상태이다. 그러면 우리의 진짜 초점은 무엇이어야 하는가? 예수를 이해하는 것, 그리고 (영의 감동이 무엇인지 이해하는 단서를 초대교회가 제시하고 있는 게 맞다면) 구약성경에 비추어 예수의 선한 삶을 해석하는 것이 우리의 초점이 되어야 한다. 영의 감동이 일어났을 때 초대 교회의 그리스도인들은 이스라엘의 위대한 예언자들과 저술가

들의 눈을 통해서 예수를 이해했고, 그렇기 때문에 그들은 예수를
더 깊고 더 온전하게 인식할 수 있었다.

지금 나는 교수다. 그것도 성서학 분야의 교수다. 그런 내가 우
리의 거룩한 영 체험은 예수의 삶과 죽음, 부활을 구약성경 연구에
비추어 해석하는 명민한 능력에 기초해야 한다는 주장을 하고 있
으니, 당연히 당신은 의혹의 눈초리를 보낼 것이다. 순전히 내 편
한 대로 거룩한 영을 논의하는 모양새로 보일 게 틀림없다. 만약
내 수업을 듣는 학생 모두가 이스라엘의 성경에, 예수의 삶을 떠받
드는 풍부한 자양분이었던 그 성경에 사로잡힌다면 나의 교수 생
활은 어떨까? 아마도 더 이상 시험을 칠 필요가 없을 것이다. 또
방학 동안 수업 안내문을 작성하는 데 몇 시간씩 할애할 필요도
없을 것이다. 학생들과 나는 더없이 행복한 성경 연구에만 전념하
면서 시간을 보내면 될 것이다. 이건 정말이지 모든 교수의 꿈이
다.

사실 나는 영의 감동에 사로잡힌 이런 경험을 한 적이 있다. 대
학생 시절 그리스어 과목 교수였던 제리 호손(Jerry Hawthorne)의 개
별 수업에 등록했을 때였다. 나는 매주 월요일 저녁, 네 층의 계단
을 올라 구본관 건물 처마 밑에 자리 잡고 있던 오렌지색 사무실
로 향했다. 우리는 신약의 히브리서를 그리스어 본문으로 연구했
다. 교수님은 이마에 안경을 걸쳐 놓곤 하셨고, 나는 무릎에 내가
사역한 본문을 얹어 둔 채 책상 스탠드의 불빛 쪽으로 몸을 기울
이곤 했다. 지금 돌이켜보면 그 빛이 거룩한 영의 영역이 아니었을

까 하는 생각이 든다. 어둠이 깊어 가며 시간은 흘러갔고, 나는 내 깊은 곳에서 무언가를 느꼈다. 그것은 엠마오로 가는 길에 부활하신 예수를 만난 두 제자가 경험했던 바로 그 느낌이었다. 예수가 그 두 사람에게서 떠나자, 그들은 자발적으로 서로에게 말했다. "그가 그 길 위에서 우리에게 말씀하실 때, 그가 우리에게 성경을 열어 설명해 주셨을 때, 마음속에서 불이 타오르는 느낌을 받지 않았습니까?"(눅 24:32) 교수님이 나에게 히브리서의 의미를 열어서 보여주실 때, 나 역시 마음속에서 뜨거운 것이 올라오는 느낌을 받았다. 히브리서는 이스라엘의 성경으로 예수라는 인물에 세례를 주고 있었다. 그러는 동안 오렌지 빛의 가을 태양은 교수님의 아늑한 사무실 벽을 따뜻하게 비추고 있었다.

내 경험은 그 거룩한 영이 최초의 그리스도인들 가운데서 행했던 사역에 대한 나의 믿음을 반영하고 있다. 신약성경 전체에서 그 거룩한 영이 예수를 이해하는 기준점으로 삼은 것은 이스라엘의 성경이었다. 거룩한 영의 일차적인 소명이자 주요 과제는 예수의 말과 행위를 이스라엘의 시편과 이야기, 예언의 맥락에 둠으로써 예수라는 인물을 이해하는 빛을 던져주는 것이었다. 이렇게 예수를 구약과 연결하는 작업은 굉장히 생산적이고 중요하며 큰 영감을 주는 작업으로 밝혀진다.

따라서 나는 다음과 같은 시나리오를 상상해보라고 요청하고 싶다. 서로 다른 교파의 그리스도인들이 모여 잔뜩 기대에 차서 이스라엘 역사 속에 나타난 하나님의 찬양받으실 만한 행위들을 공

부하는 시나리오, 또한 예수의 생애와 죽음, 부활에 굉장히 친숙해
지는 시나리오 말이다. 정말 간단하지 않은가? 성경에 우리를 푹
담그고, 하나님의 찬양받으실 만한 행위들에 대한 이야기를 한 단
어씩, 한 단락씩 열중해서 암기할 것이다. 그 와중에 해석 측면에
서의 엄청난 발전은 없을 수도 있다. 분열을 일으키는 교리 차이에
대한 본격적인 논의를 진행하지도 않을 것이다. 우리는 오로지 단
순하게 그 기초적인 내용을 연구하는 일에만, 실제로는 그 내용을
암기하는 일에만 뜻을 모을 것이다. 지금부터 영원까지 이 작업을
한다 해도 시간이 모자랄 것이다.

영의 감동을 기대하면서 성경 연구에 전념하다 보면, 우리의
촉각이 민감해질 것이다. 빈틈없는 기억을 통해 우리의 감각이 고
조되어 그 거룩한 영의 감동에 도달하면, 우리는 이 세상에 임하신
하나님의 현존을 알아챌 준비가 될 것이다. 마치 그의 노래가 지난
2000년 동안 교회 안에서 낭독되어 온 시므온처럼 말이다. 시므
온은 이사야의 노래에 심취해 있었기에, 그 순간이 왔을 때, 즉 열
방의 빛이요 하나님의 백성에게 영광이 될 구원자, 그 민족의 많은
사람이 몰락하거나 흥하는 원인이 될 구원자를 통해 하나님의 구
원이 이사야의 노래들을 성취할 때가 이르렀을 때, 그 사실을 너무
나 분명하게 알아챌 수 있었다. 아니, 적어도 그 아이의 젊은 어머
니에게, 반짝이는 눈을 지닌 그 어머니에게 비밀리에 그 사실을 전
할 수 있었다.

앞서 언급했듯이, 나는 영국에 사는 동안 영국 교회의 예배에

거의 2000년 동안 시므온의 기도, "주재여 이제는 말씀하신 대로 종을 평안히 놓아주시는도다"가 포함되어 있다는 사실에 충격을 받았다. 애석하게도 여전히 삐걱거리고 분열된 교회의 모습으로 보건대 시므온의 기도는 응답을 받지 못하고 있다. 편하게 떠날 수 있는 평화가 존재하지 않는다. 시므온과, 예수의 첫 제자들처럼 우리도 단순히 하나님의 찬양받으실 만한 행위들을 한 단어 한 단어 옛말로 연구하는 작업을 통해서 공통 기반을 찾을 수 있을 것으로 생각한다면, 너무 순진한가? 우리가 그 말들을 기억에 담는 일에 온 정신을 쏟는다면 더 이상 서로를 미워할 힘도 남지 않을 것으로 생각한다면, 너무 순진한가? 전 세계의 교회가 함께 그 단순한 성경 연구를 한다면, 그 거룩한 영이 예수를 이해하려는 우리의 작업에 빛을 비추고 이 세상을 향한 우리의 증언에 감동을 주실 기회를 가지게 될 것으로 생각한다면, 너무 순진한가?

이게 순진한 생각일 수도 있겠다. 하지만 그 거룩한 영이 이스라엘 성경을 연구하는 작업을 통해서 예수의 삶을 이해하는 빛을 비추었다는 초대 그리스도인의 믿음, 이 믿음이 바로 내 순진한 생각의 근거이다. 이 평범한 작업에 전념하다 보면, 연합이라는 평범치 않은 열매가 맺힐지도 모른다. 그리고 어느 정도 기회만 주어진다면, 우리의 길을 가로막는 서로를 향한 악감정들이 치워지고 평화의 길로 우리의 발걸음을 인도할 기회가 이 단순한 연구를 통해 그 거룩한 영에게 제공되어 그 효력을 발휘할지도 모른다.

일반

- '거룩한 영'에 관한 내 글을 읽으려면 캐서린 세이켄펠드 (Katharine Doob Sakenfeld)가 편집한 *New Interpreter's Dictionary of the Bible* (Nashville: Abingdon, 2007), 2:859-79의 '성령'(Holy Spirit) 항목을 보라. 같은 사전에서 방언에 관한 내 글을 읽으려면 5:625-26의 '방언의 은사' 항목을 보라.

- '루아흐'와 '프뉴마', 그리고 이 단어들의 번역에 관한 더 많은 내용을 보고 싶다면, 나의 책 *Filled with the Spirit* (Grand Rapids: Eerdmans, 2009)을 보라.

- 성경 번역에 대해 간단히 언급해야겠다. 이 책에서 나는 보통 NRSV(New Revised Standard Version)를 사용했다. 하지만 NRSV가 만족스럽지 않은 경우에는, 내 나름의 사역을 사용했다. 예를 들면 4장에 있는 사도행전 10:20, 11:12, 15:8-9 본문은 내 사역이다.

- 내가 '구약'과 '유대인의 성경'이란 표현을 교대해서 사용한다는 사실을 알아차릴 것이다. 이 두 표현은 모두 창세기로 시작해 말라기로 끝나는 성경의 책들을 가리킨다. 그리스도인은 이 책들을 구약이라 부른다. 내 유대인 친구와 동료에게는 신약이 존재하지 않으며, 따라서 구약도 없다. 유대교 독자들과 그리스도인 독자들은 내가 두 종교의 독자 모두를 배려하려고 한다는 사

실을 알아줬으면 좋겠다.

제5장

• 내가 이 장에서 언급한 책은 Kenneth Hagin, *The Holy Spirit and His Gifts*, 2nd ed. (Kenneth Hagin Ministries, 1995), 26이다.

• 믿을 만하고 가격이 적당한 사해문서 영어번역본을 원한다면 Geza Vermes, *The Complete Dead Sea Scrolls in English*, rev. ed. (New York: Penguin, 2004)가 좋겠다. 이 장에서 내가 언급한 사해문서 내용은 보통 공동체 규율(Community Rule)이라 부르는 문헌에서 인용한 것이다. 통상적으로 약자 1QS('1'은 이 문서가 발견된 동굴을 지시하는 숫자다)로 지칭한다. 이 문서는 쿰란에 거주했을 공동체의 일상생활을 이해하는 데 필수적인 자료이다. 쿰란은 다수의 사해문서가 발견된 동굴들에서 그리 멀지 않은 곳에 위치한 고고학 유적지이다. 내가 공동체 규율서에서 인용한 '번제로 드리는 고기 살점이 없이도'로 시작하는 첫 번째 문구는 1QS 8.5-6(8번째 단, 5-6번째 줄)이다. 매년 오순절에 시행됐던 의식에 대한 기술은 1QS 1.21-3.12에 나와 있다. '이제껏 인류가 걸어온 길과'로 시작하는 인용문은 1QS 3.6-9이다. 내가 사용한 인용문의 출처는 Florentino Garcia Martinez and Eibert Tigchelaar, *The Dead Sea Scrolls Study Edition*, 2 vols. (Grand Rapids: Eerdmans, 1999)이다.

제7장

• 내가 언급한 삼손 이야기는 사사기 13-16장에, 사울 이야기는 사무엘상 19장에 나와 있다.

제8장

• 첫 번째 인용문의 출처는 *Autobiography of Rev. James B. Finley; or, Pioneer life in the West*, ed. William Peter Strickland (Cincinnati: Methodist Book Concern, 1853), 166-67이다.
• 두 번째 인용문의 출처는 *Autobiography of Peter Cartwright: The Backwoods Preacher*, ed. William Peter Strickland (Cincinnati: Hitchcock and Walden; New York: Nelson and Phillips, 1856), 48-49이다.
• 바톤 스톤(Barton Stone)의 생생한 기술은 Sydney E. Ahlstrom, *A Religious History of the American People* (New Haven: Yale University Press, 1972), 434-35에서 확인할 수 있다.
• 오순절 살사 소스 모임 초대장은 주류 개신교에 속한 한 대형 교회의 소식지(2009년 5월 21일)에서 인용했다.
• 순교자 스데반의 이야기는 사도행전 7장에 나온다. 성공회 기도서는 쉽게 구할 수 있으며, 풍부한 자료를 포함하고 있어서 소장 가치가 있다. 정오 기도 순서는 바쁜 일과 중에 10분 정도의 숨을 돌릴 수 있는 귀중한 시간이다.
• 데니스 코빙턴(Dennis Covington)의 *Salvation on Sand Mountain,*

reissue ed. (Cambridge, MA: Da Capo Press, 2009)은 한시도 눈을 뗄 수 없을 정도로 재미있는 책이다. 이 책의 저자는 애팔래치아 지방의 스네이크 핸들러 사이에서 벌어진 살인 미수 사건을 탐사한 언론인이다. 코빙턴은 다수의 스네이크 핸들러와 친해졌고, 심지어는 직접 뱀을 손으로 잡기도 했다.